U0499072

◆ 希汉对照 ◆

柏拉图全集

VII. 3

伊 翁

溥林 译

商务印书馆
创于1897 The Commercial Press

Platon

IΩ

(IΩN)

本书依据牛津古典文本（Oxford Classical Texts）中
由约翰·伯内特（John Burnet）所编辑和校勘的
《柏拉图全集》（*Platonis Opera*）第Ⅲ卷译出

前　　言

商务印书馆120余年来一直致力于移译世界各国学术名著，除了皇皇的“汉译世界学术名著丛书”之外，更是组织翻译了不少伟大思想家的全集。柏拉图是严格意义上的西方哲学的奠基人，其思想不仅在西方哲学的整个历史中起着继往开来的作用，也远远超出了哲学领域而在文学、教育学、政治学等领域发生着巨大的影响。从19世纪开始，德语世界、英语世界、法语世界等着手系统整理柏拉图的古希腊文原文，并将之译为相应的现代语言，出版了大量的单行本和全集本，至今不衰；鉴于柏拉图著作的经典地位和历史地位，也出版了古希腊文-拉丁文、古希腊文-德文、古希腊文-英文、古希腊文-法文等对照本。

商务印书馆既是汉语世界柏拉图著作翻译出版的奠基者，也一直有心系统组织翻译柏拉图的全部作品。近20年来，汉语学界对柏拉图的研究兴趣和热情有增无减，除了商务印书馆之外，国内其他出版社也出版了一系列柏拉图著作的翻译和研究著作；无论是从语文学上，还是从思想理解上，都取得了长足的进步。有鉴于此，我们希望在汲取西方世界和汉语世界既有成就的基础上，从古希腊文完整地翻译出柏拉图的全部著作，并以古希腊文-汉文对照的形式出版。现就与翻译相关的问题做以下说明。

1. 翻译所依据的古希腊文本是牛津古典文本（Oxford Classical Texts）中由约翰·伯内特（John Burnet）所编辑和校勘的《柏拉图全集》（*Platonis Opera*）；同时参照法国布德本（Budé）希腊文《柏拉图全集》（*Platon: Œuvres complètes*），以及牛津古典文本中1995年出版的第Ⅰ卷最新校勘本等。

2. 公元前后，亚历山大的忒拉叙洛斯（Θράσυλλος, Thrasyllus）按照古希腊悲剧“四联剧”（τετραλογία, Tetralogia）的演出方式编订柏拉图的全部著作，每卷四部，共九卷，一共36部作品（13封书信整体被视为一部作品）；伯内特编辑的《柏拉图全集》所遵循的就是这种编订方式，但除了36部作品之外，外加7篇“伪作”。中文翻译严格按照该全集所编订的顺序进行。

3. 希腊文正文前面的SIGLA中的内容，乃是编辑校勘者所依据的各种抄本的缩写。希腊文正文下面的校勘文字，原样保留，但不做翻译。译文中〈〉所标示的，乃是为了意思通顺和完整，由译者加上的补足语。翻译中的注释以古希腊文法和文史方面的知识为主，至于义理方面的，交给读者和研究者本人。

4. 除了“苏格拉底”“高尔吉亚”等这些少数约定俗成的译名之外，希腊文专名（人名、地名等）后面的“斯”一般都译出。

译者给自己确定的翻译原则是在坚持“信”的基础上再兼及“达”和“雅”。在翻译时，译者在自己能力所及的范围内，对拉丁文、德文、英文以及中文的重要译本（包括注释、评注等）均认真研读，一一看过，但它们都仅服务于译者对希腊原文的理解。

译者的古希腊文启蒙老师是北京大学哲学系的靳希平教授，谨将此译作献给他，以示感激和敬意。

鉴于译者学养和能力有限，译文中必定有不少疏漏和错讹，敬请读者不吝批评指正。

溥林

2018年10月22日于成都

SIGLA

B =	cod. Bodleianus, MS. E. D. Clarke 39	= Bekkeri 𝔄
T =	cod. Venetus Append. Class. 4, cod. 1	= Bekkeri t
W =	cod. Vindobonensis 54, suppl. phil. Gr. 7	= Stallbaumii Vind. 1
C =	cod. Crusianus sive Tubingensis	= Stallbaumii 𝔗
D =	cod. Venetus 185	= Bekkeri Π
G =	cod. Venetus Append. Class. 4, cod. 54	= Bekkeri Λ
V =	cod. Vindobonensis 109	= Bekkeri Φ
Arm. =	Versio Armeniaca	
Ars. =	Papyrus Arsinoitica a Flinders Petrie reperta	
Berol. =	Papyrus Berolinensis 9782 (ed. Diels et Schubart 1905)	

Recentiores manus librorum B T W litteris b t w significantur

Codicis W lectiones cum T consentientes commemoravi, lectiones cum B consentientes silentio fere praeterii

目　　录

伊　　翁

［或论伊利亚特］[1]

1　忒拉叙洛斯（Θράσυλλος, Thrasyllus）给该对话加的副标题是“或论伊利亚特”（ἢ περὶ Ἰλιάδος）；按照希腊化时期人们对柏拉图对话风格的分类，《伊翁》属于“尝试性的 / 试验性的”（πειραστικός）。

ΙΩΝ

ΣΩΚΡΑΤΗΣ ΙΩΝ

St. I p. 530

ΣΩ. Τὸν Ἴωνα χαίρειν. πόθεν τὰ νῦν ἡμῖν ἐπιδεδή- a
μηκας; ἢ οἴκοθεν ἐξ Ἐφέσου;

ΙΩΝ. Οὐδαμῶς, ὦ Σώκρατες, ἀλλ' ἐξ Ἐπιδαύρου ἐκ τῶν Ἀσκληπιείων.

ΣΩ. Μῶν καὶ ῥαψῳδῶν ἀγῶνα τιθέασιν τῷ θεῷ οἱ Ἐπιδαύριοι;

ΙΩΝ. Πάνυ γε, καὶ τῆς ἄλλης γε μουσικῆς.

ΣΩ. Τί οὖν; ἠγωνίζου τι ἡμῖν; καὶ πῶς τι ἠγωνίσω;

ΙΩΝ. Τὰ πρῶτα τῶν ἄθλων ἠνεγκάμεθα, ὦ Σώκρατες. b

ΣΩ. Εὖ λέγεις· ἄγε δὴ ὅπως καὶ τὰ Παναθήναια νικήσομεν.

ΙΩΝ. Ἀλλ' ἔσται ταῦτα, ἐὰν θεὸς ἐθέλῃ.

ΣΩ. Καὶ μὴν πολλάκις γε ἐζήλωσα ὑμᾶς τοὺς ῥαψῳδούς, ὦ Ἴων, τῆς τέχνης· τὸ γὰρ ἅμα μὲν τὸ σῶμα κεκοσμῆσθαι ἀεὶ πρέπον ὑμῶν εἶναι τῇ τέχνῃ καὶ ὡς καλλίστοις φαίνεσθαι, ἅμα δὲ ἀναγκαῖον εἶναι ἔν τε ἄλλοις ποιηταῖς διατρίβειν πολλοῖς καὶ ἀγαθοῖς καὶ δὴ καὶ μάλιστα ἐν Ὁμήρῳ, τῷ ἀρίστῳ καὶ θειοτάτῳ τῶν ποιητῶν, καὶ τὴν τούτου διά-
νοιαν ἐκμανθάνειν, μὴ μόνον τὰ ἔπη, ζηλωτόν ἐστιν. οὐ c
γὰρ ἂν γένοιτό ποτε ἀγαθὸς ῥαψῳδός, εἰ μὴ συνείη τὰ

a 7 γε T W f: τε F a 8 τί ἡμῖν T W: τε ἡμῖν F b 6 κεκοσμῆσθαι secl. Schanz b 7 καλλίστοις T W F: καλλίστους corr. Par. 1812 c 2 ἀγαθὸς ῥαψῳδός F: ῥαψῳδός T W συνείη F: συνιείη W f: συνίη T

伊　翁

苏格拉底　伊翁

苏格拉底：伊翁，你好[1]！从哪里来，你现在[2]来访问我们[3]？莫 530a1
非从你的家乡，即从爱菲斯来吗[4]？

伊翁：根本不是，苏格拉底啊，而是从在厄庇道洛斯的阿斯克勒庇俄斯节[5]那里来。

苏格拉底：难道甚至连[6]厄庇道洛斯人也为了神而在那些史诗朗诵 530a5
者之间[7]举办一场比赛[8]？

伊翁：完全如此，当然也还有其他的文艺比赛[9]。

苏格拉底：然后呢？请告诉我们，你参加比赛了吗[10]？并且赛得如何？

伊翁：我们获得了头奖[11]，苏格拉底啊。 530b1

苏格拉底：好消息[12]！那就来吧[13]，以便我们在泛雅典娜节上也将得胜[14]。

伊翁：那敢情好[15]，如果神愿意的话。

苏格拉底：确实[16]，我经常羡慕你们这些史诗朗诵者，伊翁啊，由 530b5
于〈你们的〉技艺[17]；因为，一方面[18]，这总是同你们的技艺是相适合
的[19]，即装饰打扮身体，并让自己显得尽可能的漂亮[20]，另一方面，这
是必然的，那就是你们在其他许多优秀的诗人那里消磨时间[21]，当然[22]，
尤其是在荷马那里，这位诗人中最优秀的和最具有神性的[23]，并且要彻 530b10
底地明白这个人的思想，而不仅仅是他的那些诗句，而这些都是令人羡 530c1
慕的[24]。因为，一个人从不会成为一个优秀的史诗朗诵者，如果他不理

λεγόμενα ὑπὸ τοῦ ποιητοῦ. τὸν γὰρ ῥαψῳδὸν ἑρμηνέα δεῖ τοῦ ποιητοῦ τῆς διανοίας γίγνεσθαι τοῖς ἀκούουσι· τοῦτο δὲ καλῶς ποιεῖν μὴ γιγνώσκοντα ὅτι λέγει ὁ ποιητὴς ἀδύνατον. ταῦτα οὖν πάντα ἄξια ζηλοῦσθαι.

ΙΩΝ. Ἀληθῆ λέγεις, ὦ Σώκρατες· ἐμοὶ γοῦν τοῦτο πλεῖστον ἔργον παρέσχεν τῆς τέχνης, καὶ οἶμαι κάλλιστα ἀνθρώπων λέγειν περὶ Ὁμήρου, ὡς οὔτε Μητρόδωρος ὁ
d Λαμψακηνὸς οὔτε Στησίμβροτος ὁ Θάσιος οὔτε Γλαύκων οὔτε ἄλλος οὐδεὶς τῶν πώποτε γενομένων ἔσχεν εἰπεῖν οὕτω πολλὰς καὶ καλὰς διανοίας περὶ Ὁμήρου ὅσας ἐγώ.

ΣΩ. Εὖ λέγεις, ὦ Ἴων· δῆλον γὰρ ὅτι οὐ φθονήσεις μοι ἐπιδεῖξαι.

ΙΩΝ. Καὶ μὴν ἄξιόν γε ἀκοῦσαι, ὦ Σώκρατες, ὡς εὖ κεκόσμηκα τὸν Ὅμηρον· ὥστε οἶμαι ὑπὸ Ὁμηριδῶν ἄξιος εἶναι χρυσῷ στεφάνῳ στεφανωθῆναι.

ΣΩ. Καὶ μὴν ἐγὼ ἔτι ποιήσομαι σχολὴν ἀκροάσασθαί
531 σου, νῦν δέ μοι τοσόνδε ἀπόκριναι· πότερον περὶ Ὁμήρου μόνον δεινὸς εἶ ἢ καὶ περὶ Ἡσιόδου καὶ Ἀρχιλόχου;

ΙΩΝ. Οὐδαμῶς, ἀλλὰ περὶ Ὁμήρου μόνον· ἱκανὸν γάρ μοι δοκεῖ εἶναι.

ΣΩ. Ἔστι δὲ περὶ ὅτου Ὅμηρός τε καὶ Ἡσίοδος ταὐτὰ λέγετον;—ΙΩΝ. Οἶμαι ἔγωγε καὶ πολλά.—ΣΩ. Πότερον οὖν περὶ τούτων κάλλιον ἂν ἐξηγήσαιο ἃ Ὅμηρος λέγει ἢ ἃ Ἡσίοδος;—ΙΩΝ. Ὁμοίως ἂν περί γε τούτων, ὦ
b Σώκρατες, περὶ ὧν ταὐτὰ λέγουσιν.—ΣΩ. Τί δὲ ὧν πέρι μὴ ταὐτὰ λέγουσιν; οἷον περὶ μαντικῆς λέγει τι Ὅμηρός τε καὶ Ἡσίοδος.—ΙΩΝ. Πάνυ γε.—ΣΩ. Τί οὖν; ὅσα τε ὁμοίως καὶ ὅσα διαφόρως περὶ μαντικῆς λέγετον τὼ ποιητὰ τούτω, πότερον σὺ κάλλιον ἂν ἐξη-

c 7 ἐμοὶ γοῦν W F : ἐμοί γ' οὖν T   c 9 ὡς] ὥστ' H. Richards   d 1 Γλαύκων] Γλαῦκος Sydenham   d 6 γε F : om. T W   d 9 ἀκροάσασθαι F : ἀκροᾶσθαι T W   a 2 μόνον δεινὸς εἶ ἢ T W : δεινὸς εἴη μόνον F (ἢ post εἴη add. f)   a 3 γάρ T W f : om. F

解被诗人说出的那些话的话；其实史诗朗诵者应当成为一位解释者，即
把诗人的思想解释给听众们。但是，要把这件事做得好，如果一个人不 530c5
认识诗人所说的，这根本就是不可能的。因此，所有这些都是值得被羡
慕的。

伊翁：你说得对，苏格拉底啊。无论如何，该技艺的这个方面[25]给
我制造了最大的麻烦[26]；并且我也认为，关于荷马，在世上我谈得最漂
亮[27]，以至于无论是拉谟普萨科斯人墨特洛多洛斯[28]，还是塔索斯人斯 530d1
忒西谟布洛托斯[29]，还是格劳孔[30]，还是那些曾经出现过的人中的任何
一位，关于荷马的各种思想，没有一个能够如我那样讲得如此的多和那
么的漂亮[31]。

苏格拉底：〈也是个〉好消息！伊翁啊。因为，显然你将不会吝于 530d5
对我进行一番展示。

伊翁：确实值得听听，苏格拉底啊，我已经把荷马装饰打扮得有多
好，以至于我认为，我是配得上被那些荷马的模仿者或崇拜者[32]用一顶
金冠加冕的。

苏格拉底：确实会听你讲，只要我以后找到空闲[33]，但现在请你只 531a1
回答我下面这么多，那就是：你仅仅对荷马擅长呢[34]，还是对赫西俄德
和阿耳喀罗科斯[35]也擅长？

伊翁：肯定不，而是仅仅对荷马擅长；因为在我看来，这已经足够了。

苏格拉底：但有没有任何一样东西，关于它荷马和赫西俄德这两人 531a5
说[36]得是一样的？——**伊翁**：我肯定认为有，甚至还很多。——**苏格
拉底**：那么，关于这些东西，你能够解释得好的，是荷马所说的呢，还
是赫西俄德所说的[37]？——**伊翁**：至少关于那些他们对之说得一样的
东西，苏格拉底啊，我能够同样好地进行解释。——**苏格拉底**：但他们 531b1
对之说得不一样的那些东西，又如何呢？例如，关于预言术，无论是荷
马，还是赫西俄德，都有所说。——**伊翁**：完全如此。——**苏格拉底**：
然后呢？这两位诗人关于预言术说得一样的所有那些事情，以及说得不 531b5

γήσαιο ἢ τῶν μάντεών τις τῶν ἀγαθῶν;—ΙΩΝ. Τῶν μάντεων.—ΣΩ. Εἰ δὲ σὺ ἦσθα μάντις, οὐκ, εἴπερ περὶ τῶν ὁμοίως λεγομένων οἷός τ' ἦσθα ἐξηγήσασθαι, καὶ περὶ τῶν διαφόρως λεγομένων ἠπίστω ἂν ἐξηγεῖσθαι;—ΙΩΝ. Δῆλον ὅτι.

ΣΩ. Τί οὖν ποτε περὶ μὲν Ὁμήρου δεινὸς εἶ, περὶ δὲ c
Ἡσιόδου οὔ, οὐδὲ τῶν ἄλλων ποιητῶν; ἢ Ὅμηρος περὶ ἄλλων τινῶν λέγει ἢ ὧνπερ σύμπαντες οἱ ἄλλοι ποιηταί; οὐ περὶ πολέμου τε τὰ πολλὰ διελήλυθεν καὶ περὶ ὁμιλιῶν πρὸς ἀλλήλους ἀνθρώπων ἀγαθῶν τε καὶ κακῶν καὶ ἰδιωτῶν καὶ δημιουργῶν, καὶ περὶ θεῶν πρὸς ἀλλήλους καὶ πρὸς ἀνθρώπους ὁμιλούντων, ὡς ὁμιλοῦσι, καὶ περὶ τῶν οὐρανίων παθημάτων καὶ περὶ τῶν ἐν Ἅιδου, καὶ γενέσεις καὶ θεῶν καὶ ἡρώων; οὐ ταῦτά ἐστι περὶ ὧν Ὅμηρος τὴν ποίησιν d
πεποίηκεν;

ΙΩΝ. Ἀληθῆ λέγεις, ὦ Σώκρατες.

ΣΩ. Τί δὲ οἱ ἄλλοι ποιηταί; οὐ περὶ τῶν αὐτῶν τούτων;

ΙΩΝ. Ναί, ἀλλ', ὦ Σώκρατες, οὐχ ὁμοίως πεποιήκασι καὶ Ὅμηρος.

ΣΩ. Τί μήν; κάκιον;

ΙΩΝ. Πολύ γε.

ΣΩ. Ὅμηρος δὲ ἄμεινον;

ΙΩΝ. Ἄμεινον μέντοι νὴ Δία.

ΣΩ. Οὐκοῦν, ὦ φίλη κεφαλὴ Ἴων, ὅταν περὶ ἀριθμοῦ πολλῶν λεγόντων εἷς τις ἄριστα λέγῃ, γνώσεται δήπου τις τὸν εὖ λέγοντα;—ΙΩΝ. Φημί.—ΣΩ. Πότερον οὖν ὁ αὐτὸς e
ὅσπερ καὶ τοὺς κακῶς λέγοντας, ἢ ἄλλος;—ΙΩΝ. Ὁ αὐτὸς δήπου.—ΣΩ. Οὐκοῦν ὁ τὴν ἀριθμητικὴν τέχνην ἔχων οὗτός ἐστιν;—ΙΩΝ. Ναί.—ΣΩ. Τί δ'; ὅταν πολλῶν λεγόντων περὶ ὑγιεινῶν σιτίων ὁποῖά ἐστιν, εἷς τις ἄριστα λέγῃ, πότερον ἕτερος μέν τις τὸν ἄριστα λέγοντα γνώσεται ὅτι

c 7 ὡς ὁμιλοῦσι secl. Cobet

一样的所有那些事情，是你能够解释得好，还是那些优秀的预言家中的
某位？——**伊翁**：那些预言家中的某位。——**苏格拉底**：但如果你是一
位预言家，假如对那些被他们说得一样的事情你真的能够进行解释[38]，
那么，关于那些被他们说得不一样的事情，你岂不也会知道如何进行解
释[39]？——**伊翁**：显然。 531b10

苏格拉底：那么，你究竟为何会是这个样子呢，那就是：一方面， 531c1
关于荷马是擅长的，另一方面，无论是关于赫西俄德，还是关于其他那
些诗人，则是不擅长的？难道荷马在说另外一些事情，它们不同于所有
其他那些诗人所说的？他已经详细叙述过的，岂不多半[40]是关于战争，
以及关于人们之间的各种交往，既有各种好人和各种坏人之间的，也有 531c5
那些一无所长的人和各种匠人[41]之间的；还有关于诸神，当他们互相之
间进行交往以及同人进行交往时，他们是在如何进行交往；以及关于天上
所发生的各种事情[42]和关于冥府[43]的各种事情，还有诸神和英雄的各式
各样的诞生？这些岂不就是荷马关于它们已经创作出诗歌的那些东西？ 531d1

伊翁：你说得正确，苏格拉底啊。

苏格拉底：而其他那些诗人又如何呢？岂不是关于同样这些事情
〈创作了诗歌〉？ 531d5

伊翁：是的，但是，苏格拉底啊，他们并没有如荷马那样以同样的
方式进行了创作。

苏格拉底：那是怎么回事[44]？要差一些吗？

伊翁：肯定差得很多。

苏格拉底：而荷马则更好？ 531d10

伊翁：的确更好，宙斯在上。

苏格拉底：那么，亲爱的人[45]，伊翁啊，每当许多人在谈论数时，
其中一个人谈得最好，岂不无疑某个人将识别出那个在正确地进行谈论
的人？——**伊翁**：我承认。——**苏格拉底**：那么，是同一个人也将识别 531e1
出那些谈得不正确的人呢，还是另外一个人？——**伊翁**：肯定是同一个
人。——**苏格拉底**：那么，那具有算术技艺的人岂不就是这个人？——
伊翁：是的。——**苏格拉底**：然后呢？每当许多人谈论各种健康的食物，
说它们是哪样一些东西时，其中一个人谈得最好，那么，难道两个人中 531e5

ἄριστα λέγει, ἕτερος δὲ τὸν κάκιον ὅτι κάκιον, ἢ ὁ αὐτός;—
ΙΩΝ. Δῆλον δήπου, ὁ αὐτός.—ΣΩ. Τίς οὗτος; τί ὄνομα
αὐτῷ;—ΙΩΝ. Ἰατρός.—ΣΩ. Οὐκοῦν ἐν κεφαλαίῳ λέγομεν
ὡς ὁ αὐτὸς γνώσεται ἀεί, περὶ τῶν αὐτῶν πολλῶν λεγόν-
532 των, ὅστις τε εὖ λέγει καὶ ὅστις κακῶς· ἢ εἰ μὴ γνώσεται
τὸν κακῶς λέγοντα, δῆλον ὅτι οὐδὲ τὸν εὖ, περί γε τοῦ
αὐτοῦ.—ΙΩΝ. Οὕτως.—ΣΩ. Οὐκοῦν ὁ αὐτὸς γίγνεται δεινὸς
περὶ ἀμφοτέρων;—ΙΩΝ. Ναί.—ΣΩ. Οὐκοῦν σὺ φῂς καὶ
Ὅμηρον καὶ τοὺς ἄλλους ποιητάς, ἐν οἷς καὶ Ἡσίοδος καὶ
Ἀρχίλοχός ἐστιν, περί γε τῶν αὐτῶν λέγειν, ἀλλ' οὐχ
ὁμοίως, ἀλλὰ τὸν μὲν εὖ γε, τοὺς δὲ χεῖρον;—ΙΩΝ. Καὶ
ἀληθῆ λέγω.—ΣΩ. Οὐκοῦν, εἴπερ τὸν εὖ λέγοντα γιγνώ-
b σκεις, καὶ τοὺς χεῖρον λέγοντας γιγνώσκοις ἂν ὅτι χεῖρον
λέγουσιν.—ΙΩΝ. Ἔοικέν γε.—ΣΩ. Οὐκοῦν, ὦ βέλτιστε,
ὁμοίως τὸν Ἴωνα λέγοντες περὶ Ὁμήρου τε δεινὸν εἶναι καὶ
περὶ τῶν ἄλλων ποιητῶν οὐχ ἁμαρτησόμεθα, ἐπειδή γε
αὐτὸς ὁμολογῇ τὸν αὐτὸν ἔσεσθαι κριτὴν ἱκανὸν πάντων
ὅσοι ἂν περὶ τῶν αὐτῶν λέγωσι, τοὺς δὲ ποιητὰς σχεδὸν
ἅπαντας τὰ αὐτὰ ποιεῖν.

ΙΩΝ. Τί οὖν ποτε τὸ αἴτιον, ὦ Σώκρατες, ὅτι ἐγώ, ὅταν
μέν τις περὶ ἄλλου του ποιητοῦ διαλέγηται, οὔτε προσέχω
c τὸν νοῦν ἀδυνατῶ τε καὶ ὁτιοῦν συμβαλέσθαι λόγου ἄξιον,
ἀλλ' ἀτεχνῶς νυστάζω, ἐπειδὰν δέ τις περὶ Ὁμήρου μνησθῇ,
εὐθύς τε ἐγρήγορα καὶ προσέχω τὸν νοῦν καὶ εὐπορῶ ὅτι
λέγω;

ΣΩ. Οὐ χαλεπὸν τοῦτό γε εἰκάσαι, ὦ ἑταῖρε, ἀλλὰ παντὶ δῆλον ὅτι τέχνῃ καὶ ἐπιστήμῃ περὶ Ὁμήρου λέγειν ἀδύνατος εἶ· εἰ γὰρ τέχνῃ οἷός τε ἦσθα, καὶ περὶ τῶν ἄλλων ποιητῶν ἁπάντων λέγειν οἷός τ' ἂν ἦσθα· ποιητικὴ γάρ πού ἐστιν τὸ ὅλον. ἢ οὔ;

e 7 ὁ αὐτός F: αὐτός T W: αὑτός Schanz   e 9 λέγομεν ὡς W f: λεγόμενος F: λέγωμεν ὡς T   e 10 ὁ T W: om. F   a 7 εὖ γε T W F: εὖ S   b 6 λέγωσι T F: λέγουσι W   b 8 τὸ αἴτιον T W: τ' αἴτιον F   c 8 ἁπάντων λέγειν T F: om. W

一个人将识别出那谈得最好的人，也即是说他谈得最好，而另一个将识
别出那谈得较差的人，也即是说他谈得较差，还是说同一个人〈将识别
出这两者〉？——**伊翁**：显而易见，无疑是同一个人。——**苏格拉底**：
这个人是谁？他叫什么名字？——**伊翁**：医生。——**苏格拉底**：因此，
总而言之[46]，我们说，同一个人将总是能够识别出，当许多人都在谈论 531e10
同样一些事情时，究竟谁谈得正确，以及究竟谁谈得不正确；或者，如 532a1
果他不能够识别出那谈得不正确的人，那么，显然他也就不能够识别出
那谈得正确的人，至少就同样的事情而言。——**伊翁**：是这样。——**苏
格拉底**：因此，同一个人岂不在这两方面都变得是擅长的？——**伊翁**：
是的。——**苏格拉底**：那么，难道你不会宣称，荷马，以及其他那些诗 532a5
人，在他们中就有赫西俄德和阿耳喀罗科斯，他们虽然都在谈论同样一
些事情，但没有用同样的方式，而是一个确实谈得好，而其他那些人谈
得较差？——**伊翁**：我会这样说，其实也说得正确。——**苏格拉底**：因
此，假如你真的能够识别出那说得好的人，那么，你也就能够识别出 532b1
那些说得较差的人，也即是说他们说得较差。——**伊翁**：看起来确实
如此。——**苏格拉底**：因此，最优秀的人啊，当我们说伊翁对荷马以及
对其他那些诗人是同样擅长的时，我们将不会犯错，既然你本人确实同
意，同一个人对所有那些会谈论同样事情的人都将是一个有能力的判断 532b5
者，而诗人们差不多全都在就同样的事情进行创作。

伊翁：那么，究竟什么是下面这点的原因呢，苏格拉底啊，那就
是：我，每当有人谈论其他任何某个诗人时，我就集中不了注意力[47]， 532c1
甚至不能够有任何值得一提的话要说[48]，而是完完全全[49]地昏昏欲睡；
然而，一旦任何人提到荷马，我既立马就清醒了过来，也集中起了注意
力，甚至有很多话要说[50]？

苏格拉底：这其实一点也不难猜想[51]，朋友啊，而且下面这点对每 532c5
个人来说也都是显而易见的，那就是：你没能够凭借技艺和凭借知识来
谈论荷马。因为，如果你能够凭借技艺来那么做，那么，你也就会能
够谈论其他所有的诗人；因为，无论如何都有着一种作为一个整体的诗
艺[52]。难道不是吗？

ΙΩΝ. Ναί.

ΣΩ. Οὐκοῦν ἐπειδὰν λάβῃ τις καὶ ἄλλην τέχνην ἡντι- d
νοῦν ὅλην, ὁ αὐτὸς τρόπος τῆς σκέψεως ἔσται περὶ ἁπασῶν
τῶν τεχνῶν; πῶς τοῦτο λέγω, δέῃ τί μου ἀκοῦσαι, ὦ Ἴων;

ΙΩΝ. Ναὶ μὰ τὸν Δία, ὦ Σώκρατες, ἔγωγε· χαίρω γὰρ
ἀκούων ὑμῶν τῶν σοφῶν.

ΣΩ. Βουλοίμην ἄν σε ἀληθῆ λέγειν, ὦ Ἴων· ἀλλὰ σοφοὶ
μέν πού ἐστε ὑμεῖς οἱ ῥαψῳδοὶ καὶ ὑποκριταὶ καὶ ὧν ὑμεῖς
ᾄδετε τὰ ποιήματα, ἐγὼ δὲ οὐδὲν ἄλλο ἢ τἀληθῆ λέγω,
οἷον εἰκὸς ἰδιώτην ἄνθρωπον. ἐπεὶ καὶ περὶ τούτου οὗ νῦν e
ἠρόμην σε, θέασαι ὡς φαῦλον καὶ ἰδιωτικόν ἐστι καὶ παντὸς
ἀνδρὸς γνῶναι ὃ ἔλεγον, τὴν αὐτὴν εἶναι σκέψιν, ἐπειδάν
τις ὅλην τέχνην λάβῃ. λάβωμεν γὰρ τῷ λόγῳ· γραφικὴ
γάρ τίς ἐστι τέχνη τὸ ὅλον;—ΙΩΝ. Ναί.—ΣΩ. Οὐκοῦν
καὶ γραφῆς πολλοὶ καὶ εἰσὶ καὶ γεγόνασιν ἀγαθοὶ καὶ φαῦ-
λοι;—ΙΩΝ. Πάνυ γε.—ΣΩ. Ἤδη οὖν τινα εἶδες ὅστις περὶ
μὲν Πολυγνώτου τοῦ Ἀγλαοφῶντος δεινός ἐστιν ἀποφαί-
νειν ἃ εὖ τε γράφει καὶ ἃ μή, περὶ δὲ τῶν ἄλλων γραφέων
ἀδύνατος; καὶ ἐπειδὰν μέν τις τὰ τῶν ἄλλων ζωγράφων 533
ἔργα ἐπιδεικνύῃ, νυστάζει τε καὶ ἀπορεῖ καὶ οὐκ ἔχει ὅτι
συμβάληται, ἐπειδὰν δὲ περὶ Πολυγνώτου ἢ ἄλλου ὅτου
βούλει τῶν γραφέων ἑνὸς μόνου δέῃ ἀποφήνασθαι γνώμην,
ἐγρήγορέν τε καὶ προσέχει τὸν νοῦν καὶ εὐπορεῖ ὅτι εἴπῃ;—
ΙΩΝ. Οὐ μὰ τὸν Δία, οὐ δῆτα.—ΣΩ. Τί δέ; ἐν ἀνδριαντο-
ποιίᾳ ἤδη τιν' εἶδες ὅστις περὶ μὲν Δαιδάλου τοῦ Μητίονος
ἢ Ἐπειοῦ τοῦ Πανοπέως ἢ Θεοδώρου τοῦ Σαμίου ἢ ἄλλου b
τινὸς ἀνδριαντοποιοῦ ἑνὸς πέρι δεινός ἐστιν ἐξηγεῖσθαι ἃ
εὖ πεποίηκεν, ἐν δὲ τοῖς τῶν ἄλλων ἀνδριαντοποιῶν ἔργοις
ἀπορεῖ τε καὶ νυστάζει, οὐκ ἔχων ὅτι εἴπῃ;—ΙΩΝ. Οὐ μὰ

d 2 ἔσται F: ἐστι TW d 7 ὑποκριταὶ F: οἱ ὑποκριταὶ TW d 8 τὰ TW: om. F τἀληθῆ TWF: τὰ πλήθη Madvig: εὐήθη Schanz: εὐτελῆ vel τὰ εὐτελῆ H. Richards e 1 νῦν] νυνδὴ Schanz e 5 ναί TF: om. W a 2 ἔχει WFt: ἔχῃ T a 4 μόνου secl. Naber

伊翁：是。 532c10

苏格拉底：因此，当一个人也把其他任何的技艺把握为一个整体 532d1
时，岂不在每一种技艺那里都有着相同的考察之方式[53]？我为何这么
说，你需要听我讲讲吗，伊翁啊？

伊翁：是的，宙斯在上，苏格拉底啊，我肯定需要。因为我乐于听 532d5
你们这些智慧的人说话。

苏格拉底：我倒是希望你说得正确，伊翁啊。然而，一方面，无论
如何你们这些朗诵史诗的人和演员才是智慧的，还有你们吟唱其诗作的
那些诗人；另一方面，我除了说真话之外，不会说任何其他的东西，就 532e1
像一个普通人[54]理应的那样。比如说[55]，关于我刚才问你的这件事，你
瞧瞧，它是何等的平常和普通，并且就每个人来说，都能够认识到我刚
才所说的，那就是，考察是同样的，每当一个人把一门技艺把握为一个
整体时。其实可以让我们通过下面这样的讨论来进行把握：确实有着一 532e5
门作为一个整体的绘画技艺吗？——**伊翁**：是的。——**苏格拉底**：因
此，甚至许多人岂不是并且已经成为了画家，既有优秀的，也有平庸
的？——**伊翁**：完全如此。——**苏格拉底**：那么，你曾经看到过任何一
个这样的人吗，那就是，虽然对阿格劳丰的儿子波吕格诺托斯[56]，他擅
长显示他画得好的那些东西以及画得不好的那些东西，但对其他那些
画家则不能？并且，一方面，每当任何人展示其他那些画家的各种作品 533a1
时，他就既昏昏欲睡，也不知所措，甚至没有任何话要说[57]；另一方
面，每当关于波吕格诺托斯，或者关于那些画家中其他任何一位你所喜
欢的，哪怕仅仅关于一位，他需要发表意见时，他就既清醒了过来，也 533a5
集中起了注意力，甚至有很多话要说[58]？——**伊翁**：没有看到过，宙
斯在上，无疑没有这样的人。——**苏格拉底**：然后呢？在雕塑技艺那里
你曾经看到过任何一个这样的人吗，那就是，他虽然关于墨提翁的儿子
代达罗斯，或者关于潘诺剖斯的儿子厄珀俄斯，或者关于萨摩斯人忒俄 533b1
多洛斯[59]，或者关于其他任何一位雕塑家，哪怕仅仅关于一位，擅长解
释他已经创作得很好的那些东西，但面对其他那些雕塑家的各种作品，
却感到不知所措和昏昏欲睡，以至于没有任何话要说？——**伊翁**：没

τὸν Δία, οὐδὲ τοῦτον ἑώρακα.—ΣΩ. Ἀλλὰ μήν, ὥς γ' ἐγὼ
οἶμαι, οὐδ' ἐν αὐλήσει γε οὐδὲ ἐν κιθαρίσει οὐδὲ ἐν κιθαρῳδίᾳ
οὐδὲ ἐν ῥαψῳδίᾳ οὐδεπώποτ' εἶδες ἄνδρα ὅστις περὶ μὲν
Ὀλύμπου δεινός ἐστιν ἐξηγεῖσθαι ἢ περὶ Θαμύρου ἢ περὶ
c Ὀρφέως ἢ περὶ Φημίου τοῦ Ἰθακησίου ῥαψῳδοῦ, περὶ δὲ
Ἴωνος τοῦ Ἐφεσίου [ῥαψῳδοῦ] ἀπορεῖ καὶ οὐκ ἔχει συμβα-
λέσθαι ἅ τε εὖ ῥαψῳδεῖ καὶ ἃ μή.

ΙΩΝ. Οὐκ ἔχω σοι περὶ τούτου ἀντιλέγειν, ὦ Σώκρατες·
ἀλλ' ἐκεῖνο ἐμαυτῷ σύνοιδα, ὅτι περὶ Ὁμήρου κάλλιστ'
ἀνθρώπων λέγω καὶ εὐπορῶ καὶ οἱ ἄλλοι πάντες μέ φασιν
εὖ λέγειν, περὶ δὲ τῶν ἄλλων οὔ. καίτοι ὅρα τοῦτο τί
ἔστιν.

ΣΩ. Καὶ ὁρῶ, ὦ Ἴων, καὶ ἔρχομαί γέ σοι ἀποφανού-
d μενος ὅ μοι δοκεῖ τοῦτο εἶναι. ἔστι γὰρ τοῦτο τέχνη μὲν
οὐκ ὂν παρὰ σοὶ περὶ Ὁμήρου εὖ λέγειν, ὃ νυνδὴ ἔλεγον,
θεία δὲ δύναμις ἥ σε κινεῖ, ὥσπερ ἐν τῇ λίθῳ ἣν Εὐρι-
πίδης μὲν Μαγνῆτιν ὠνόμασεν, οἱ δὲ πολλοὶ Ἡρακλείαν.
καὶ γὰρ αὕτη ἡ λίθος οὐ μόνον αὐτοὺς τοὺς δακτυλίους ἄγει
τοὺς σιδηροῦς, ἀλλὰ καὶ δύναμιν ἐντίθησι τοῖς δακτυλίοις
ὥστ' αὖ δύνασθαι ταὐτὸν τοῦτο ποιεῖν ὅπερ ἡ λίθος, ἄλλους
e ἄγειν δακτυλίους, ὥστ' ἐνίοτε ὁρμαθὸς μακρὸς πάνυ σιδη-
ρίων καὶ δακτυλίων ἐξ ἀλλήλων ἤρτηται· πᾶσι δὲ τούτοις
ἐξ ἐκείνης τῆς λίθου ἡ δύναμις ἀνήρτηται. οὕτω δὲ καὶ ἡ
Μοῦσα ἐνθέους μὲν ποιεῖ αὐτή, διὰ δὲ τῶν ἐνθέων τούτων
ἄλλων ἐνθουσιαζόντων ὁρμαθὸς ἐξαρτᾶται. πάντες γὰρ οἵ

b 5 ὥς γ' ἐγὼ T W : ὥς ἔγωγε F c 1 ῥαψῳδοῦ secl. Naber c 2 ῥαψῳδου F : om. T W συμβαλέσθαι W F : συμβάλλεσθαι T c 6 με T W : ἐμὲ F c 9 ἔρχομαι F : ἄρχομαι T W ἀποφανούμενος Cobet : ἀποφαινόμενος T W F d 1 τέχνη W F Stobaeus : τέχνῃ T d 2 ὂν T W F : ἄν Stobaeus d 5 ἄγει W F Stobaeus : om. T d 7 αὖ δύνασθαι F : δύνασθαι T W e 1 μακρὸς πάνυ T W F : πάνυ μακρὸς Stobaeus σιδηρίων W F Stobaeus : σιδήρων T : σιδηρῶν Jacobs (secl. mox καὶ) e 2 καὶ δακτυλίων secl. Hermann ἤρτηται T W F : εἴρεται Stobaeus e 4 μὲν T F Stobaeus : om. W αὐτὴ F Stobaeus : αὕτη T W e 5 ἄλλων T W F : ἄλλος Stobaeus οἵ τε T W F : om. Stobaeus

有，宙斯在上，我从未见过这种人。——**苏格拉底**：进而[60]，无论如何 533b5
都如我所认为的那样，无论是在吹笛那里，还是在竖琴弹奏那里，还是
在竖琴伴唱那里，还是在史诗朗诵那里，你肯定都从未看到过任何一个
这样的人，那就是，虽然对俄吕谟波斯，或者对塔密里斯，或者对俄耳
甫斯，或者对伊塔刻的史诗朗诵者斐弥俄斯[61]，是擅长进行解释的，但 533c1
对爱菲斯人伊翁[62]，则茫然失措，并且对他朗诵得好的那些和不好的那
些，都没有任何话要说。

伊翁：关于这点，我不能够反驳你，苏格拉底啊。不过我意识到 533c5
了[63]下面这件事，那就是：关于荷马，在世上我讲得最好，并且有很多
话要说，甚至其他所有人也都宣称我讲得很好；但是，关于其他诗人，
则不行。真的，也请你看看这到底是怎么回事。

苏格拉底：我当然会看，伊翁啊，并且我肯定要前来向你显明在
我看来这究竟是怎么回事。那是因为，关于荷马能够讲得很好，这并非 533d1
作为一种技艺是在你身上，正如我刚才所说的那样[64]，而是推动着你的
某种神圣的力量在你身上，就像它在一种特殊的石头那里一样[65]，欧里
庇得斯将这种石头称为马格涅西亚石[66]，而多数人将之称为赫拉克勒斯
石。事实上，这种石头不仅吸引住那些铁环自身，而且还把一种力量 533d5
置入到那些铁环身上，以至于它们复又能够恰如该石头一样做这同样的
事情，能够吸引住其他的铁环，从而有时很长的一串铁器和铁环被互 533e1
相悬挂在了一起。但是，对所有这些东西来说，这种力量都有赖于那个
石头[67]。而同样地，一方面，缪斯自己直接使得一些人从神那里得到灵
感；另一方面，通过这些从神那里得到灵感的人，随着其他人又从神 533e5

τε τῶν ἐπῶν ποιηταὶ οἱ ἀγαθοὶ οὐκ ἐκ τέχνης ἀλλ' ἔνθεοι
ὄντες καὶ κατεχόμενοι πάντα ταῦτα τὰ καλὰ λέγουσι ποιή-
ματα, καὶ οἱ μελοποιοὶ οἱ ἀγαθοὶ ὡσαύτως, ὥσπερ οἱ κορυ-
βαντιῶντες οὐκ ἔμφρονες ὄντες ὀρχοῦνται, οὕτω καὶ οἱ μελο- 534
ποιοὶ οὐκ ἔμφρονες ὄντες τὰ καλὰ μέλη ταῦτα ποιοῦσιν,
ἀλλ' ἐπειδὰν ἐμβῶσιν εἰς τὴν ἁρμονίαν καὶ εἰς τὸν ῥυθμόν,
βακχεύουσι καὶ κατεχόμενοι, ὥσπερ αἱ βάκχαι ἀρύονται ἐκ
τῶν ποταμῶν μέλι καὶ γάλα κατεχόμεναι, ἔμφρονες δὲ οὖσαι
οὔ, καὶ τῶν μελοποιῶν ἡ ψυχὴ τοῦτο ἐργάζεται, ὅπερ αὐτοὶ
λέγουσι. λέγουσι γὰρ δήπουθεν πρὸς ἡμᾶς οἱ ποιηταὶ ὅτι
ἀπὸ κρηνῶν μελιρρύτων ἐκ Μουσῶν κήπων τινῶν καὶ ναπῶν b
δρεπόμενοι τὰ μέλη ἡμῖν φέρουσιν ὥσπερ αἱ μέλιτται, καὶ
αὐτοὶ οὕτω πετόμενοι· καὶ ἀληθῆ λέγουσι. κοῦφον γὰρ
χρῆμα ποιητής ἐστιν καὶ πτηνὸν καὶ ἱερόν, καὶ οὐ πρότερον
οἷός τε ποιεῖν πρὶν ἂν ἔνθεός τε γένηται καὶ ἔκφρων καὶ
ὁ νοῦς μηκέτι ἐν αὐτῷ ἐνῇ· ἕως δ' ἂν τουτὶ ἔχῃ τὸ κτῆμα,
ἀδύνατος πᾶς ποιεῖν ἄνθρωπός ἐστιν καὶ χρησμῳδεῖν. ἅτε
οὖν οὐ τέχνῃ ποιοῦντες καὶ πολλὰ λέγοντες καὶ καλὰ περὶ
τῶν πραγμάτων, ὥσπερ σὺ περὶ Ὁμήρου, ἀλλὰ θείᾳ μοίρᾳ, c
τοῦτο μόνον οἷός τε ἕκαστος ποιεῖν καλῶς ἐφ' ὃ ἡ Μοῦσα
αὐτὸν ὥρμησεν, ὁ μὲν διθυράμβους, ὁ δὲ ἐγκώμια, ὁ δὲ
ὑπορχήματα, ὁ δ' ἔπη, ὁ δ' ἰάμβους· τὰ δ' ἄλλα φαῦλος
αὐτῶν ἕκαστός ἐστιν. οὐ γὰρ τέχνῃ ταῦτα λέγουσιν ἀλλὰ
θείᾳ δυνάμει, ἐπεί, εἰ περὶ ἑνὸς τέχνῃ καλῶς ἠπίσταντο
λέγειν, κἂν περὶ τῶν ἄλλων ἁπάντων· διὰ ταῦτα δὲ ὁ θεὸς

e 7 καλὰ T F : κακὰ W e 8 μελοποιοὶ T W f : μὲν λοιποὶ F Stobaeus a 1 καὶ T W Stobaeus : μὲν καὶ F a 4 βακχεύουσι F Stobaeus : καὶ βακχεύουσι T W αἱ βάκχαι T W F : om. Stobaeus ἀρύονται W F Stobaeus : ἀρύτονται T a 5 οὖσαι οὔ T W : οὖσαι F : οὔ Stobaeus a 7 πρὸς T F Stobaeus : παρ' W b 1 ἐκ T W F : ἢ ἐκ Stobaeus b 3 πετόμενοι T W f : πετώμενοι F Stobaeus b 4 ἱερὸν T W F Stobaeus : διερὸν Dobree b 5 ἔνθεός τε T W f : ἔνθεος F Stobaeus b 6 μηκέτι ἐν αὐτῷ T W F : ἐν αὐτῷ μηκέτι Stobaeus b 8 prius καὶ T W : τε καὶ F : secl. Hoenebeek Hissink c 2 καλῶς W F : καλὸς T c 7 ἁπάντων T W : πάντων F Stobaeus

那里得到灵感，于是就悬挂起了一长串〈从神那里得到灵感的人〉。因
为所有那些优秀的史诗诗人[68]，并不是基于一门技艺，而是由于从神那
里得到灵感并且被神附体[69]，才说出了所有这些〈众所周知的〉优美诗
句；并且优秀的抒情诗人们也同样如此，就像那些参加科儒巴斯祭仪的 534a1
人[70]因不是头脑清醒的而舞蹈那样，这些抒情诗人也同样因不是头脑清
醒的而创作出了这些〈众所周知的〉优美的抒情诗[71]；而每当他们沉浸
到旋律中以及沉潜到节奏中时，他们就如酒神信徒那样发狂，并且被神
附体，就像酒神巴克斯的那些女信徒，她们从溪水中汲取出蜜和奶，一 534a5
旦她们被神附体，但只要她们是头脑清醒的，就不行；并且抒情诗人们
的灵魂也如此行事，就像他们自己所说的那样。因为，诗人们无疑会对
我们说，他们通过从那些流出蜜的泉水那里采摘，把他们的那些抒情诗 534b1
从缪斯们的一些花园和幽谷中带给我们，就像蜜蜂采蜜那样，并且他们
自己也像蜜蜂那样飞来飞去；他们其实也说得正确。因为，多么轻盈的
一种东西啊，诗人是，他既是长有羽翼的，也是属于神的[72]；在下面
这样之前，他不可能作诗，那就是，他已经从神那里得到灵感和变得迷 534b5
狂[73]，而理智也不再寓居在他身上。而任何一个人只要还具有理智这种
所有物，他就既不可能作诗，也不可能进行预言。因此，鉴于并不是凭
借一种技艺他们关于各种重大的事情创作和说出了许多优美的东西，就 534c1
像你关于荷马所做的那样，而是凭借一份神圣的定命[74]，所以每个人都
只能够优美地创作出对之缪斯已经激发了他的那种东西，有的擅长酒神
颂，有的擅长赞歌，有的擅长伴有舞蹈和哑剧动作的唱诗，有的擅长史
诗，有的则擅长抑扬格诗；但在〈超出他所擅长的领域的〉其他方面， 534c5
他们中的每个人都是平庸的。因为他们不是凭借技艺，而是凭借一种神
圣的力量才说出了这些；既然，如果关于一件事情他们知道如何凭借一

ἐξαιρούμενος τούτων τὸν νοῦν τούτοις χρῆται ὑπηρέταις καὶ
d τοῖς χρησμῳδοῖς καὶ τοῖς μάντεσι τοῖς θείοις, ἵνα ἡμεῖς οἱ
ἀκούοντες εἰδῶμεν ὅτι οὐχ οὗτοί εἰσιν οἱ ταῦτα λέγοντες
οὕτω πολλοῦ ἄξια, οἷς νοῦς μὴ πάρεστιν, ἀλλ' ὁ θεὸς αὐτός
ἐστιν ὁ λέγων, διὰ τούτων δὲ φθέγγεται πρὸς ἡμᾶς. μέ-
γιστον δὲ τεκμήριον τῷ λόγῳ Τύννιχος ὁ Χαλκιδεύς, ὃς
ἄλλο μὲν οὐδὲν πώποτε ἐποίησε ποίημα ὅτου τις ἂν ἀξιώ-
σειεν μνησθῆναι, τὸν δὲ παίωνα ὃν πάντες ᾄδουσι, σχεδόν
τι πάντων μελῶν κάλλιστον, ἀτεχνῶς, ὅπερ αὐτὸς λέγει,
e "εὕρημά τι Μοισᾶν." ἐν τούτῳ γὰρ δὴ μάλιστά μοι δοκεῖ
ὁ θεὸς ἐνδείξασθαι ἡμῖν, ἵνα μὴ διστάζωμεν, ὅτι οὐκ ἀνθρώ-
πινά ἐστιν τὰ καλὰ ταῦτα ποιήματα οὐδὲ ἀνθρώπων, ἀλλὰ
θεῖα καὶ θεῶν, οἱ δὲ ποιηταὶ οὐδὲν ἀλλ' ἢ ἑρμηνῆς εἰσιν
τῶν θεῶν, κατεχόμενοι ἐξ ὅτου ἂν ἕκαστος κατέχηται.
ταῦτα ἐνδεικνύμενος ὁ θεὸς ἐξεπίτηδες διὰ τοῦ φαυλοτάτου
535 ποιητοῦ τὸ κάλλιστον μέλος ᾖσεν· ἢ οὐ δοκῶ σοι ἀληθῆ
λέγειν, ὦ Ἴων;

ΙΩΝ. Ναὶ μὰ τὸν Δία, ἔμοιγε· ἅπτει γάρ πώς μου τοῖς
λόγοις τῆς ψυχῆς, ὦ Σώκρατες, καί μοι δοκοῦσι θείᾳ μοίρᾳ
ἡμῖν παρὰ τῶν θεῶν ταῦτα οἱ ἀγαθοὶ ποιηταὶ ἑρμηνεύειν.

ΣΩ. Οὐκοῦν ὑμεῖς αὖ οἱ ῥαψῳδοὶ τὰ τῶν ποιητῶν ἑρμη-
νεύετε;

ΙΩΝ. Καὶ τοῦτο ἀληθὲς λέγεις.

ΣΩ. Οὐκοῦν ἑρμηνέων ἑρμηνῆς γίγνεσθε;

ΙΩΝ. Παντάπασί γε.

b ΣΩ. Ἔχε δή μοι τόδε εἰπέ, ὦ Ἴων, καὶ μὴ ἀποκρύψῃ
ὅτι ἄν σε ἔρωμαι· ὅταν εὖ εἴπῃς ἔπη καὶ ἐκπλήξῃς μάλιστα
τοὺς θεωμένους, ἢ τὸν Ὀδυσσέα ὅταν ἐπὶ τὸν οὐδὸν ἐφαλ-
λόμενον ᾄδῃς, ἐκφανῆ γιγνόμενον τοῖς μνηστῆρσι καὶ ἐκ-

d 3 οὕτω T W F : τὰ οὕτω Stobaeus   ἀλλ' ὁ T F : ἀλλὰ ὁ Stobaeus : ἀλλὰ W   αὐτός ἐστιν T W F : ἐστιν αὐτὸς Stobaeus
d 7 παίωνα T F : παιῶνα W   e 1 εὕρημά τι Stephanus : εὑρήματι T W F   a 3 γάρ πώς μου T : γάρ πως μου W : γάρ μου πῶς F
b 1 μοι T W : καί μοι F   b 3 οὐδὸν W F t : ὀδὸν T

种技艺而说得优美，那么，关于其他所有事情他们也就能那样做。而正
是由于这些，神才取走了这些人的理智，把这些人用作奴仆、唱预言诗 534d1
的人和神圣的预言家，以便我们这些在听的人能够知道：这些人，理智
没有在场于他们那里，并不是他们在说这些如此非常值得〈一听〉的
东西[75]，相反，神自己才是那在说的，只不过通过这些人对我们进行表
达。对于这种说法，最大的例证就是卡尔喀斯人提尼科斯[76]，一方面， 534d5
他从未曾创作出任何一首随便哪个人认为值得被记住的诗作，另一方
面，〈他创作的〉一首颂歌，却是每个人都在吟唱的，它差不多[77]是所
有颂诗中最美的，完完全全是，正如他本人所说，“缪斯的一种发明”。 534e1
因为正是在这个人那儿[78]，在我看来神尤其向我们显明，为了让我们不
要怀疑，这些〈众所周知的〉优美的诗作，既不是属人的东西，也不是
人〈所创作〉的东西，而是属神的东西和神〈所创作〉的东西；而诗人
们除了是诸神的解释者之外，别无所是，当他们被神附体后，即每一个 534e5
人都从任何一个恰好已经被神附体的人那里〈被神附体〉。为了显明这
些，神故意通过那最平庸的诗人吟唱出最优美的诗句；或者，在你看来 535a1
我说得不正确，伊翁啊？

伊翁：宙斯在上，至少在我看来你说得正确；因为你无论如何都用
这些话触动了我的灵魂，苏格拉底啊，并且在我看来，那些优秀的诗人 535a5
都是在凭借一份神圣的定命把从诸神那里而来的这些东西解释给我们。

苏格拉底：那么，你们这些史诗朗诵者，岂不复又在解释诗人们〈所创作〉的东西？

伊翁：这你也说得正确。

苏格拉底：因此，你们岂不成为了解释者的解释者？

伊翁：完全如此。 535a10

苏格拉底：现在请停一下[79]！请你告诉我下面这点，伊翁啊，并 535b1
且请你不要隐瞒[80]我会问你的任何事情，那就是：每当你很好地朗诵史
诗，并且特别使那些观众动容时，或者就奥德修斯，每当你吟唱他如何

χέοντα τοὺς ὀιστοὺς πρὸ τῶν ποδῶν, ἢ Ἀχιλλέα ἐπὶ τὸν
Ἕκτορα ὁρμῶντα, ἢ καὶ τῶν περὶ Ἀνδρομάχην ἐλεινῶν τι ἢ
περὶ Ἑκάβην ἢ περὶ Πρίαμον, τότε πότερον ἔμφρων εἶ ἢ ἔξω
σαυτοῦ γίγνῃ καὶ παρὰ τοῖς πράγμασιν οἴεταί σου εἶναι ἡ c
ψυχὴ οἷς λέγεις ἐνθουσιάζουσα, ἢ ἐν Ἰθάκῃ οὖσιν ἢ ἐν
Τροίᾳ ἢ ὅπως ἂν καὶ τὰ ἔπη ἔχῃ;

ΙΩΝ. Ὡς ἐναργές μοι τοῦτο, ὦ Σώκρατες, τὸ τεκμήριον
εἶπες· οὐ γάρ σε ἀποκρυψάμενος ἐρῶ. ἐγὼ γὰρ ὅταν
ἐλεινόν τι λέγω, δακρύων ἐμπίμπλαντaί μου οἱ ὀφθαλμοί·
ὅταν τε φοβερὸν ἢ δεινόν, ὀρθαὶ αἱ τρίχες ἵστανται ὑπὸ
φόβου καὶ ἡ καρδία πηδᾷ.

ΣΩ. Τί οὖν; φῶμεν, ὦ Ἴων, ἔμφρονα εἶναι τότε τοῦτον d
τὸν ἄνθρωπον, ὃς ἂν κεκοσμημένος ἐσθῆτι ποικίλῃ καὶ
χρυσοῖσι στεφάνοις κλάῃ τ᾽ ἐν θυσίαις καὶ ἑορταῖς, μηδὲν
ἀπολωλεκὼς τούτων, ἢ φοβῆται πλέον ἢ ἐν δισμυρίοις ἀνθρώ-
ποις ἑστηκὼς φιλίοις, μηδενὸς ἀποδύοντος μηδὲ ἀδικοῦντος;

ΙΩΝ. Οὐ μὰ τὸν Δία, οὐ πάνυ, ὦ Σώκρατες, ὥς γε
τἀληθὲς εἰρῆσθαι.

ΣΩ. Οἶσθα οὖν ὅτι καὶ τῶν θεατῶν τοὺς πολλοὺς ταὐτὰ
ταῦτα ὑμεῖς ἐργάζεσθε;

ΙΩΝ. Καὶ μάλα καλῶς οἶδα· καθορῶ γὰρ ἑκάστοτε e
αὐτοὺς ἄνωθεν ἀπὸ τοῦ βήματος κλάοντάς τε καὶ δεινὸν
ἐμβλέποντας καὶ συνθαμβοῦντας τοῖς λεγομένοις. δεῖ γάρ
με καὶ σφόδρ᾽ αὐτοῖς τὸν νοῦν προσέχειν· ὡς ἐὰν μὲν
κλάοντας αὐτοὺς καθίσω, αὐτὸς γελάσομαι ἀργύριον λαμβά-
νων, ἐὰν δὲ γελῶντας, αὐτὸς κλαύσομαι ἀργύριον ἀπολλύς.

ΣΩ. Οἶσθα οὖν ὅτι οὗτός ἐστιν ὁ θεατὴς τῶν δακτυλίων
ὁ ἔσχατος, ὧν ἐγὼ ἔλεγον ὑπὸ τῆς Ἡρακλειώτιδος λίθου
ἀπ᾽ ἀλλήλων τὴν δύναμιν λαμβάνειν; ὁ δὲ μέσος σὺ ὁ

c 2 οὖσιν T W F : οὖσα S c 3 ὅπως T F : πῶς W c 6 μου T F : μοι W d 1 τότε τοῦτον W F : τοῦτον τότε T : τοῦτον recc. Schanz d 3 χρυσοῖσι F : χρυσοῖς T W d 4 φοβῆται T : φοβεῖται W F d 5 φιλίοις T W f : φίλοις F d 8 ταὐτὰ ταῦτα T F : τὰ τοιαῦτα W

跳到门槛上，向那些求婚者显露真容，并且把箭倾倒在脚前时，或者就 535b5
阿喀琉斯，吟唱他如何冲向赫克托尔，甚或关于安德洛玛刻，或者关于
赫卡柏，或者关于普里阿摩斯[81]的那些悲惨的事情中的任何一件时，在
那时，你是头脑清醒的呢，还是变得出离了你自己[82]，并且你的灵魂，535c1
由于它被神附体，从而以为自己就是在你所讲述的那些事情那里，无论
它们是发生在伊塔刻，还是发生在特洛伊，还是史诗有可能〈记载它们
发生〉的其他任何地方[83]？

伊翁：这对我来说是何等的清楚，苏格拉底啊，你所讲的这个例
证；因为我将对你毫不隐瞒地说一说。我，的确，每当讲到任何一件 535c5
悲惨的事情时，我的双眸就充满了泪水；而每当讲到任何令人恐惧的事
情或者可怕的事情时，就会由于恐惧而毛发悚然，并且心就扑通扑通
地跳。

苏格拉底：然后呢？我们能够说，伊翁啊，那时这种人是头脑清醒 535d1
的吗，当他用一件色彩斑斓的衣服和金色的冠冕装扮自己，却在各种祭
奠和节日上哭泣，尽管他并没有丧失了这些东西中的任何一样；或者，
他感到害怕，当他站在了两万多人的中间时，尽管他们都是友好的，没 535d5
有任何人在抢劫他或对他行不义？

伊翁：不是，宙斯在上，完全不是，苏格拉底啊，如果真相必须被说出来的话[84]。

苏格拉底：那你已经知道了下面这点吗，那就是：其实对观众中的大多数人，你们〈这些史诗朗诵者〉也产生了同样这些效果？

伊翁：我知道得相当清楚[85]。因为，每次我都会从上面，即从讲坛 535e1
上俯视他们，看他们哭泣，以及惊恐地注视着〈我〉，并且和那些被说
出的事情一同惊愕。因为我的确必须得把注意力完全放在他们身上[86]：
一方面，如果我能够使得他们哭，那么我自己就会笑，由于能得到银 535e5
子；另一方面，如果他们笑，那么我自己就只有哭了，因为我会丧失
银子。

苏格拉底：那么，你也知道下面这点吗，那就是：这样一位观众是那些环中的最下端的那个环，而关于那些环，我刚才曾说，它们通过赫拉克勒斯石而从彼此那里取得了力量？而中间的那个环是你这种朗诵

536 ῥαψῳδὸς καὶ ὑποκριτής, ὁ δὲ πρῶτος αὐτὸς ὁ ποιητής· ὁ δὲ
θεὸς διὰ πάντων τούτων ἕλκει τὴν ψυχὴν ὅποι ἂν βούληται
τῶν ἀνθρώπων, ἀνακρεμαννὺς ἐξ ἀλλήλων τὴν δύναμιν.
καὶ ὥσπερ ἐκ τῆς λίθου ἐκείνης ὁρμαθὸς πάμπολυς ἐξήρ-
τηται χορευτῶν τε καὶ διδασκάλων καὶ ὑποδιδασκάλων, ἐκ
πλαγίου ἐξηρτημένων τῶν τῆς Μούσης ἐκκρεμαμένων δα-
κτυλίων. καὶ ὁ μὲν τῶν ποιητῶν ἐξ ἄλλης Μούσης, ὁ δὲ
ἐξ ἄλλης ἐξήρτηται—ὀνομάζομεν δὲ αὐτὸ κατέχεται, τὸ δέ
b ἐστι παραπλήσιον· ἔχεται γάρ—ἐκ δὲ τούτων τῶν πρώτων
δακτυλίων, τῶν ποιητῶν, ἄλλοι ἐξ ἄλλου αὖ ἠρτημένοι εἰσὶ
καὶ ἐνθουσιάζουσιν, οἱ μὲν ἐξ Ὀρφέως, οἱ δὲ ἐκ Μουσαίου·
οἱ δὲ πολλοὶ ἐξ Ὁμήρου κατέχονταί τε καὶ ἔχονται. ὧν
σύ, ὦ Ἴων, εἷς εἶ καὶ κατέχῃ ἐξ Ὁμήρου, καὶ ἐπειδὰν μέν
τις ἄλλου του ποιητοῦ ᾄδῃ, καθεύδεις τε καὶ ἀπορεῖς ὅτι
λέγῃς, ἐπειδὰν δὲ τούτου τοῦ ποιητοῦ φθέγξηταί τις μέλος,
εὐθὺς ἐγρήγορας καὶ ὀρχεῖταί σου ἡ ψυχὴ καὶ εὐπορεῖς ὅτι
c λέγῃς· οὐ γὰρ τέχνῃ οὐδ' ἐπιστήμῃ περὶ Ὁμήρου λέγεις
ἃ λέγεις, ἀλλὰ θείᾳ μοίρᾳ καὶ κατοκωχῇ, ὥσπερ οἱ κορυ-
βαντιῶντες ἐκείνου μόνου αἰσθάνονται τοῦ μέλους ὀξέως
ὃ ἂν ᾖ τοῦ θεοῦ ἐξ ὅτου ἂν κατέχωνται, καὶ εἰς ἐκεῖνο τὸ
μέλος καὶ σχημάτων καὶ ῥημάτων εὐποροῦσι, τῶν δὲ ἄλλων
οὐ φροντίζουσιν· οὕτω καὶ σύ, ὦ Ἴων, περὶ μὲν Ὁμήρου
ὅταν τις μνησθῇ, εὐπορεῖς, περὶ δὲ τῶν ἄλλων ἀπορεῖς·
d τούτου δ' ἐστὶ τὸ αἴτιον, ὅ μ' ἐρωτᾷς, δι' ὅτι σὺ περὶ μὲν
Ὁμήρου εὐπορεῖς, περὶ δὲ τῶν ἄλλων οὔ, ὅτι οὐ τέχνῃ ἀλλὰ
θείᾳ μοίρᾳ Ὁμήρου δεινὸς εἶ ἐπαινέτης.

ΙΩΝ. Σὺ μὲν εὖ λέγεις, ὦ Σώκρατες· θαυμάζοιμι μεντἂν
εἰ οὕτως εὖ εἴποις, ὥστε με ἀναπεῖσαι ὡς ἐγὼ κατεχόμενος
καὶ μαινόμενος Ὅμηρον ἐπαινῶ. οἶμαι δὲ οὐδ' ἂν σοὶ
δόξαιμι, εἴ μου ἀκούσαις λέγοντος περὶ Ὁμήρου.

ΣΩ. Καὶ μὴν ἐθέλω γε ἀκοῦσαι, οὐ μέντοι πρότερον

b 2 αὖ ἠρτημένοι T F : ἀνηρτημένοι W b 5 ὦ T W f : om. F b 6 τις T W F : τίς ⟨τι⟩ Schanz d 4 σὺ μὲν εὖ T W f : εὖ μὲν εὖ F (εὖ μὲν S) d 5 εἰ οὕτως F : οὕτως εἰ T W d 7 περὶ T W : τι περὶ F

史诗的人和演员，但最上面的环则是诗人自己。而神通过所有这些拽着 536a1
人们的灵魂，他愿意把它拽到哪儿，就拽到哪儿，因为他使得一个的力
量有赖于另一个的力量[87]。并且就像从那块石头那里〈悬挂起了一串铁
环〉一样，由歌队的舞蹈者、歌队的教练和歌队的助理教练而来的非常 536a5
长的一串被悬挂了起来，他们斜挂在[88]那些从缪斯那里悬挂起来的环
上。并且在那些诗人中间，有的诗人依赖这个缪斯，有的诗人则依赖那
个缪斯[89]——只不过我们将这称作他被她附体，然而，这是非常贴切 536b1
的[90]，因为他确实被她占有了——，但就依赖这些最初的环，即依赖诗
人们来说，一些人复又依赖这个诗人，另一些人则依赖那个诗人[91]，并
且〈通过他〉从神那里得到灵感：一些人依赖俄耳甫斯，一些人则依赖
穆塞俄斯[92]；但多数人从荷马那里被神附体和占有。你就是其中的一 536b5
位，伊翁啊，并且是从荷马那里被神附体；而一方面，每当某个人吟唱
其他诗人的一首歌曲，你就打瞌睡，并且无任何话要说，另一方面，一
旦有人唱起这位诗人的一首歌曲，你就立马清醒了过来，你的灵魂开始
跳舞，并且有很多话要说。因为，既不是凭借一门技艺，也不是凭借一 536c1
种知识，你说出关于荷马你所说的那些，而是凭借一份神圣的定命和迷
狂[93]，就像那些举行科儒巴斯祭仪的人，他们仅仅敏锐地感觉到那种歌
曲[94]，那就是，该歌曲是属于他们被他附体的那位神的，并且对于那种
歌曲，他们有着丰富的舞蹈姿态和语言[95]；至于其他的歌曲，他们则不 536c5
把它们当一回事[96]。你也同样如此，伊翁啊，关于荷马，每当有人有所
提及，你就有很多话要说，但关于其他人，你则无话可说；而这就是对 536d1
之你问我的那种原因[97]，即为何关于荷马你有很多话要说，但关于其他
诗人则没有；因为，不是凭借一门技艺，而是凭借一份神圣的定命，你
是荷马的一位高明的赞美者。

伊翁：诚然，你说得很好，苏格拉底啊。然而，我还是会对下面这
点感到惊讶，那就是，如果你也能够讲得如此地好，以至于使我相信， 536d5
我是由于被神附体和发狂才赞美荷马。而我认为，我不会对你显得是那
样的，如果你听我谈论荷马的话。

苏格拉底：我确实愿意听听，但不是在你回答我下面这点之前，那 536e1

πρὶν ἄν μοι ἀποκρίνῃ τόδε· ὧν Ὅμηρος λέγει περὶ τίνος e
εὖ λέγεις; οὐ γὰρ δήπου περὶ ἁπάντων γε.
ΙΩΝ. Εὖ ἴσθι, ὦ Σώκρατες, περὶ οὐδενὸς ὅτου οὔ.
ΣΩ. Οὐ δήπου καὶ περὶ τούτων ὧν σὺ μὲν τυγχάνεις
οὐκ εἰδώς, Ὅμηρος δὲ λέγει.
ΙΩΝ. Καὶ ταῦτα ποῖά ἐστιν ἃ Ὅμηρος μὲν λέγει, ἐγὼ
δὲ οὐκ οἶδα;
ΣΩ. Οὐ καὶ περὶ τεχνῶν μέντοι λέγει πολλαχοῦ Ὅμηρος 537
καὶ πολλά; οἷον καὶ περὶ ἡνιοχείας—ἐὰν μνησθῶ τὰ ἔπη,
ἐγώ σοι φράσω.
ΙΩΝ. Ἀλλ' ἐγὼ ἐρῶ· ἐγὼ γὰρ μέμνημαι.
ΣΩ. Εἰπὲ δή μοι ἃ λέγει Νέστωρ Ἀντιλόχῳ τῷ ὑεῖ,
παραινῶν εὐλαβηθῆναι περὶ τὴν καμπὴν ἐν τῇ ἱπποδρομίᾳ
τῇ ἐπὶ Πατρόκλῳ.

ΙΩΝ. Κλινθῆναι δέ, φησί, καὶ αὐτὸς ἐυξέστῳ ἐνὶ δίφρῳ
ἦκ' ἐπ' ἀριστερὰ τοῖιν· ἀτὰρ τὸν δεξιὸν ἵππον b
κένσαι ὁμοκλήσας, εἶξαί τέ οἱ ἡνία χερσίν.
ἐν νύσσῃ δέ τοι ἵππος ἀριστερὸς ἐγχριμφθήτω,
ὡς ἄν τοι πλήμνη γε δοάσσεται ἄκρον ἱκέσθαι
κύκλου ποιητοῖο· λίθου δ' ἀλέασθαι ἐπαυρεῖν.

ΣΩ. Ἀρκεῖ. ταῦτα δή, ὦ Ἴων, τὰ ἔπη εἴτε ὀρθῶς λέγει c
Ὅμηρος εἴτε μή, πότερος ἄν γνοίη ἄμεινον, ἰατρὸς ἢ ἡνίο-
χος;—ΙΩΝ. Ἡνίοχος δήπου.—ΣΩ. Πότερον ὅτι τέχνην
ταύτην ἔχει ἢ κατ' ἄλλο τι;—ΙΩΝ. Οὔκ, ἀλλ' ὅτι τέχνην.
—ΣΩ. Οὐκοῦν ἑκάστῃ τῶν τεχνῶν ἀποδέδοταί τι ὑπὸ τοῦ
θεοῦ ἔργον οἵᾳ τε εἶναι γιγνώσκειν; οὐ γάρ που ἃ κυβερνη-
τικῇ γιγνώσκομεν, γνωσόμεθα καὶ ἰατρικῇ.—ΙΩΝ. Οὐ δῆτα.
—ΣΩ. Οὐδέ γε ἃ ἰατρικῇ, ταῦτα καὶ τεκτονικῇ.—ΙΩΝ.

e 1 λέγει T W : εὖ λέγει F e 2 λέγεις Cornarius : λέγει T W F a 1 πολλαχοῦ ὅμηρος T W : ὅμηρος πολλαχοῦ F a 2 ἡνιοχείας ex ἡνιοχίας T F a 8 αὐτὸς δὲ κλινθῆναι libri Homerici ἐυξέστῳ T W F : ἐυπλέκτῳ S cum libris Homericis (ἐυξέστου Xen. Symp. iv. 6 qui mox ἐπὶ δίφρου) b 2 τε T W : δὲ F b 4 ἄν F et suprascr. W (et sic libri Homerici) : μή T W c 1 ἀρκεῖ. ταῦτα δὴ T W : ἀρκεῖ δὴ ταῦτα F c 6 που T W : δήπου F

就是：就荷马说的那些事情，你关于其中哪件讲得好？因为，显然不会关于所有事情〈你都讲得好〉。

伊翁：你得清楚[98]，苏格拉底啊，关于每件事〈我都讲得好〉[99]。

苏格拉底：但显然不会关于那些虽然你碰巧不知道[100]，但荷马又讲 536e5
过的东西。

伊翁：这些东西究竟是哪些呢，一方面荷马讲过它们，另一方面我却不知道？

苏格拉底：荷马岂不在许多地方并且经常谈论过一些技艺吗？ 537a1
例如关于驾驭战车——如果我记得那些诗句的话，我就会向你进行说明[101]——。

伊翁：那就让我来说，因为我记得。

苏格拉底：那好，请你告诉我，涅斯托耳[102]对他的儿子安提罗科 537a5
斯说了些什么，当他在纪念帕特洛克罗斯[103]的马车比赛上关于弯道处告诫他要当心时。

伊翁：他说，你自己在那张刨得很光滑的车板上[104]
要微微向两匹马的左边[105]倾斜；但要用刺棒驱赶右边的马 537b1
大声吆喝，并对它松开手上的缰绳[106]。
但在终点竖立的石柱那里[107]，一定要让你左边的马靠近它，
以便你造就的那轮子的轮毂似乎挨到了
它的边缘；但要避免碰到石头[108]。 537b5

苏格拉底：足够了！那么就这些诗句，伊翁啊，荷马说得正确呢， 537c1
还是说得不正确，究竟哪个人会认识得更好，是医生，还是御者？——**伊翁**：无疑是御者。——**苏格拉底**：那是因为他拥有这门技艺呢，还是由于别的什么？——**伊翁**：不是〈由于别的什么〉，而就是因为〈他
拥有〉一门技艺。——**苏格拉底**：那么，每一门技艺岂不都被神赋予 537c5
了某种特定〈的能力〉，以便它能够认识[109]某一特定的工作？因为我们凭借掌舵术所认识的那些东西，我们无论如何都不能够凭借医术去认识。——**伊翁**：显然不。——**苏格拉底**：凭借医术所认识的那些东

d Οὐ δῆτα.—ΣΩ. Οὐκοῦν οὕτω καὶ κατὰ πασῶν τῶν τεχνῶν, ἃ τῇ ἑτέρᾳ τέχνῃ γιγνώσκομεν, οὐ γνωσόμεθα τῇ ἑτέρᾳ; τόδε δέ μοι πρότερον τούτου ἀπόκριναι· τὴν μὲν ἑτέραν φῂς εἶναί τινα τέχνην, τὴν δ' ἑτέραν;—ΙΩΝ. Ναί.—ΣΩ. Ἆρα ὥσπερ ἐγὼ τεκμαιρόμενος, ὅταν ἡ μὲν ἑτέρων πραγμάτων ᾖ ἐπιστήμη, ἡ δ' ἑτέρων, οὕτω καλῶ τὴν μὲν ἄλλην, τὴν δὲ ἄλλην

e τέχνην, οὕτω καὶ σύ;—ΙΩΝ. Ναί.—ΣΩ. Εἰ γάρ που τῶν αὐτῶν πραγμάτων ἐπιστήμη εἴη τις, τί ἂν τὴν μὲν ἑτέραν φαῖμεν εἶναι, τὴν δ' ἑτέραν, ὁπότε γε ταὐτὰ εἴη εἰδέναι ἀπ' ἀμφοτέρων; ὥσπερ ἐγώ τε γιγνώσκω ὅτι πέντε εἰσὶν οὗτοι οἱ δάκτυλοι, καὶ σύ, ὥσπερ ἐγώ, περὶ τούτων ταὐτὰ γιγνώσκεις· καὶ εἴ σε ἐγὼ ἐροίμην εἰ τῇ αὐτῇ τέχνῃ γιγνώσκομεν τῇ ἀριθμητικῇ τὰ αὐτὰ ἐγώ τε καὶ σὺ ἢ ἄλλῃ, φαίης ἂν δήπου τῇ αὐτῇ.—ΙΩΝ. Ναί.

538 ΣΩ. Ὃ τοίνυν ἄρτι ἔμελλον ἐρήσεσθαί σε, νυνὶ εἰπέ, εἰ κατὰ πασῶν τῶν τεχνῶν οὕτω σοι δοκεῖ, τῇ μὲν αὐτῇ τέχνῃ τὰ αὐτὰ ἀναγκαῖον εἶναι γιγνώσκειν, τῇ δ' ἑτέρᾳ μὴ τὰ αὐτά, ἀλλ' εἴπερ ἄλλη ἐστίν, ἀναγκαῖον καὶ ἕτερα γιγνώσκειν.—ΙΩΝ. Οὕτω μοι δοκεῖ, ὦ Σώκρατες.—ΣΩ. Οὐκοῦν ὅστις ἂν μὴ ἔχῃ τινὰ τέχνην, ταύτης τῆς τέχνης τὰ λεγόμενα ἢ πραττόμενα καλῶς γιγνώσκειν οὐχ οἷός τ' ἔσται;—ΙΩΝ.

b Ἀληθῆ λέγεις.—ΣΩ. Πότερον οὖν περὶ τῶν ἐπῶν ὧν εἶπες, εἴτε καλῶς λέγει Ὅμηρος εἴτε μή, σὺ κάλλιον γνώσῃ ἢ ἡνίοχος;—ΙΩΝ. Ἡνίοχος.—ΣΩ. Ῥαψῳδὸς γάρ που εἶ ἀλλ' οὐχ ἡνίοχος.—ΙΩΝ. Ναί.—ΣΩ. Ἡ δὲ ῥαψῳδικὴ τέχνη ἑτέρα ἐστὶ τῆς ἡνιοχικῆς;—ΙΩΝ. Ναί.—ΣΩ. Εἰ ἄρα ἑτέρα, περὶ ἑτέρων καὶ ἐπιστήμη πραγμάτων ἐστίν.—ΙΩΝ. Ναί.

ΣΩ. Τί δὲ δὴ ὅταν Ὅμηρος λέγῃ ὡς τετρωμένῳ τῷ Μαχάονι Ἑκαμήδη ἡ Νέστορος παλλακὴ κυκεῶνα πίνειν

c δίδωσι; καὶ λέγει πως οὕτως—

d 1 καὶ κατὰ T W : καὶ τὰ F e 4 ἐγώ τε T W : ἔγωγε F b 6 καὶ ἐπιστήμη πραγμάτων W F : πραγμάτων καὶ ἐπιστήμη T : καὶ πραγμάτων ἐπιστήμη signis transpositionis additis in T F b 7 δὴ T W f : om. F b 8 ἑκαμήδη ἡ T W f : ἔκαμη δη ην F πίνειν T W : πιεῖν F

西，当然也不能够凭借木工术去认识。——**伊翁**：肯定不。——**苏格拉** 537d1
底：那么，就所有的技艺来说岂不也同样如此，我们凭借一门技艺所认
识的那些东西，我们不可能凭借另一门技艺去认识？但在这之前[110]请
你回答我下面这点，那就是：你主张这门技艺是这样的，那门技艺是那
样的吗[111]？——**伊翁**：是的。——**苏格拉底**：难道像我所断定的那样，537d5
每当一门知识是关乎这些事情的知识，而另一门知识是关乎那些事情的
知识，由此我就把这门技艺称作这样的技艺，把那门技艺称作那样的技
艺[112]，你也如此断定吗？——**伊翁**：是的。——**苏格拉底**：我想[113]，537e1
如果有着一门关乎同样事情的知识，那我们为何还要主张这门技艺是
这样，那门技艺是那样[114]，既然[115]从两门技艺那里能够知道同样的事
情[116]？例如，我认识到这些手指是五个，而你，如我一样，关于它们 537e5
也认识到同样这点；而如果我现在问你，我和你，我们是凭借同样的技
艺，即凭借算术而认识到同样这些事情呢，还是凭借不同的技艺，无疑
你会宣称是凭借同样的技艺。——**伊翁**：是的。

苏格拉底：那好，我刚才打算问你的，请你现在告诉〈我〉，即是 538a1
否就所有的技艺来说，在你看来都同样如此，那就是：必然凭借同样
的技艺来认识同样的事情，而凭借不同的技艺认识不同的事情；但如果
技艺其实是不同的，那么，也就必然在认识不同的事情。——**伊翁**：在 538a5
我看来是这样，苏格拉底啊。——**苏格拉底**：那么，任何一个人，如
果他不具有某一特定的技艺，那么，他岂不就将不可能正确地认识在
这门技艺中被说的那些东西或者被做的那些事情？——**伊翁**：你说得 538b1
正确。——**苏格拉底**：那么，关于你所背诵的那些诗句，荷马说得正
确，还是说得不正确，是你会认识得好呢，还是一位御者？——**伊翁**：
御者。——**苏格拉底**：我想，因为你是一位史诗朗诵者，而不是一位御
者。——**伊翁**：是的。——**苏格拉底**：而史诗朗诵的技艺是不同于驾驭
的技艺的吗？——**伊翁**：是。——**苏格拉底**：因此，如果它是不同的，538b5
那么它也就是关于一些不同的事情的一门知识。——**伊翁**：是的。

苏格拉底：而这又是怎么回事呢，当荷马说涅斯托耳的情妇赫卡墨
得[117]把乳酒[118]递给受伤的马卡翁[119]喝时？并且他约莫是这样说的—— 538c1

οἴνῳ πραμνείῳ, φησίν, ἐπὶ δ' αἴγειον κνῆ τυρὸν
κνήστι χαλκείῃ· παρὰ δὲ κρόμυον ποτῷ ὄψον·

ταῦτα εἴτε ὀρθῶς λέγει Ὅμηρος εἴτε μή, πότερον ἰατρικῆς ἐστι διαγνῶναι καλῶς ἢ ῥαψῳδικῆς;

ΙΩΝ. Ἰατρικῆς.

ΣΩ. Τί δέ, ὅταν λέγῃ Ὅμηρος—

d *ἡ δὲ μολυβδαίνῃ ἰκέλη ἐς βυσσὸν ἵκανεν,*
ἥ τε κατ' ἀγραύλοιο βοὸς κέρας ἐμμεμαυῖα
ἔρχεται ὠμηστῇσι μετ' ἰχθύσι πῆμα φέρουσα·

ταῦτα πότερον φῶμεν ἁλιευτικῆς εἶναι τέχνης μᾶλλον κρῖναι ἢ ῥαψῳδικῆς, ἅττα λέγει καὶ εἴτε καλῶς εἴτε μή;

ΙΩΝ. Δῆλον δή, ὦ Σώκρατες, ὅτι ἁλιευτικῆς.

ΣΩ. Σκέψαι δή, σοῦ ἐρομένου, εἰ ἔροιό με· "Ἐπειδὴ τοίνυν, ὦ Σώκρατες, τούτων τῶν τεχνῶν ἐν Ὁμήρῳ εὑρίσκεις e ἃ προσήκει ἑκάστῃ διακρίνειν, ἴθι μοι ἔξευρε καὶ τὰ τοῦ μάντεώς τε καὶ μαντικῆς, ποῖά ἐστιν ἃ προσήκει αὐτῷ οἵῳ τ' εἶναι διαγιγνώσκειν, εἴτε εὖ εἴτε κακῶς πεποίηται"— σκέψαι ὡς ῥᾳδίως τε καὶ ἀληθῆ ἐγώ σοι ἀποκρινοῦμαι. πολλαχοῦ μὲν γὰρ καὶ ἐν Ὀδυσσείᾳ λέγει, οἷον καὶ ἃ ὁ τῶν Μελαμποδιδῶν λέγει μάντις πρὸς τοὺς μνηστῆρας, Θεοκλύμενος—

δαιμόνιοι, τί κακὸν τόδε πάσχετε; νυκτὶ μὲν ὑμέων 539
εἰλύαται κεφαλαί τε πρόσωπά τε νέρθε τε γυῖα,
οἰμωγὴ δὲ δέδηε, δεδάκρυνται δὲ παρειαί·

c 3 *κνῆστι* F : *κνήστει* W et ex *κνήστη* fecit T *παρὰ . . . ὄψον*] *ἐπὶ δ' ἄλφιτα λευκὰ πάλυνε* libri Homerici c 4 prius *εἴτε* T F : *εἴπερ* W d 1 *βυσσὸν* F (et sic libri Homerici) : *βύσσον* T : *πυθμέν'* W et in marg. t *ἵκανεν*] *ὄρουσεν* libri Homerici d 2 *ἐμμεμαυῖα* v. l. in Homeri A : *ἐμβεβαυῖα* libri Homerici d 3 *μετ'*] *ἐπ'* libri Homerici *πῆμα* T W f et sic *ἔνιαι τῶν κατὰ πόλεις* : *κῆρα* F et sic libri Homerici e 6 *ἃ ὁ* W F t : *ὁ* T e 7 *μελαμποδιδῶν* T[2] W : *μελαμποδίδων* F : *μελαμποδῶν* T f a 1 *δαιμόνιοι*] *ἆ δειλοί* libri Homerici *ὑμέων* T F : *ὑμῶν* W a 2 *γυῖα*] *γοῦνα* libri Homerici a 3 *δέδηε* W : *δὲ δὴ* (*ἐδεδάκρυνται*) F : *δὲδηαι* T post *παρειαί* in libris Homericis hic versus *αἵματι δ' ἐρράδαται τοῖχοι καλαί τε μεσόδμαι*

在普剌谟涅酒中[120]，他说，她往里面刮了一点山羊乳酪
用铜制的刮刀；在旁边[121]，洋葱作为下酒的菜肴[122]。

伊翁：这些，荷马说得正确，还是不正确，正确地对之进行辨认是属于医术呢，还是属于史诗朗诵的技艺？ 538c5

苏格拉底：属于医术。

伊翁：然后呢，当荷马说——

她[123]就像一枚铅锤来到了海底， 538d1
它装在一头野牛的一只犄角[124]上，急切地
前去在那些吃生肉的鱼中间奉上厄运[125]。

我们该说，这更为是属于捕鱼的技艺呢，还是属于史诗朗诵的技艺，即 538d5
判断他所说的这些，以及判断他说得正确，还是不正确？

伊翁：显然，苏格拉底啊，属于捕鱼的技艺。

苏格拉底：那么，请你看看，当你问，假如你问我[126]："那好，既
然，苏格拉底啊，就这些技艺来说，你在荷马那里找到了适合于其中每 538e1
一门技艺对之进行剖判的那些东西[127]，那就来吧[128]，也请为我找出那些属于一个预言家和预言术的东西，适合于他能够进行辨认的那些东西
是怎么个样子，它们被创作得好呢，还是差？"——请你看看我将何等 538e5
容易和何等真实地对你做出回答。其实不仅在《奥德修斯》中的许多地方他对之有所谈及，例如，墨蓝波斯[129]的后裔，预言家忒俄克吕墨诺斯[130]对那些求婚者所说的那些——

神谴责的家伙们[131]！你们为何遭受这等坏事？黑夜 539a1
笼罩着你们的头和脸，还有下面的肢体，
哀号被点燃了，脸颊满是泪水。

εἰδώλων τε πλέον πρόθυρον, πλείη δὲ καὶ αὐλὴ
ἱεμένων ἔρεβόσδε ὑπὸ ζόφον· ἠέλιος δὲ
b οὐρανοῦ ἐξαπόλωλε, κακὴ δ' ἐπιδέδρομεν ἀχλύς·

πολλαχοῦ δὲ καὶ ἐν Ἰλιάδι, οἷον καὶ ἐπὶ τειχομαχίᾳ· λέγει γὰρ καὶ ἐνταῦθα—

ὄρνις γάρ σφιν ἐπῆλθε περησέμεναι μεμαῶσιν,
αἰετὸς ὑψιπέτης, ἐπ' ἀριστερὰ λαὸν ἐέργων,
c φοινήεντα δράκοντα φέρων ὀνύχεσσι πέλωρον,
ζῳόν, ἔτ' ἀσπαίροντα· καὶ οὔπω λήθετο χάρμης.
κόψε γὰρ αὐτὸν ἔχοντα κατὰ στῆθος παρὰ δειρὴν
ἰδνωθεὶς ὀπίσω, ὁ δ' ἀπὸ ἕθεν ἧκε χαμᾶζε
ἀλγήσας ὀδύνῃσι, μέσῳ δ' ἐνὶ κάββαλ' ὁμίλῳ·
d αὐτὸς δὲ κλάγξας πέτετο πνοιῇς ἀνέμοιο.

ταῦτα φήσω καὶ τὰ τοιαῦτα τῷ μάντει προσήκειν καὶ σκοπεῖν καὶ κρίνειν.

ΙΩΝ. Ἀληθῆ γε σὺ λέγων, ὦ Σώκρατες.

ΣΩ. Καὶ σύ γε, ὦ Ἴων, ἀληθῆ ταῦτα λέγεις. ἴθι δὴ καὶ σὺ ἐμοί, ὥσπερ ἐγὼ σοὶ ἐξέλεξα καὶ ἐξ Ὀδυσσείας καὶ ἐξ Ἰλιάδος ὁποῖα τοῦ μάντεώς ἐστι καὶ ὁποῖα τοῦ ἰατροῦ καὶ
e ὁποῖα τοῦ ἁλιέως, οὕτω καὶ σὺ ἐμοὶ ἔκλεξον, ἐπειδὴ καὶ ἐμπειρότερος εἶ ἐμοῦ τῶν Ὁμήρου, ὁποῖα τοῦ ῥαψῳδοῦ ἐστιν, ὦ Ἴων, καὶ τῆς τέχνης τῆς ῥαψῳδικῆς, ἃ τῷ ῥαψῳδῷ προσήκει καὶ σκοπεῖσθαι καὶ διακρίνειν παρὰ τοὺς ἄλλους ἀνθρώπους.

ΙΩΝ. Ἐγὼ μέν φημι, ὦ Σώκρατες, ἅπαντα.

ΣΩ. Οὐ σύ γε φῄς, ὦ Ἴων, ἅπαντα· ἢ οὕτως ἐπιλήσμων εἶ; καίτοι οὐκ ἂν πρέποι γε ἐπιλήσμονα εἶναι ῥαψῳδὸν ἄνδρα.

540 ΙΩΝ. Τί δὲ δὴ ἐπιλανθάνομαι;

b 2 prius καὶ T W f : om. F c 4 ὀπίσω W F : ὀπίσσω T c 5 ἐνὶ κάμβαλ' F (sed μ in β mutavit f) : ἐνκάμβαλ' W : ἐγκαββαλλ' T (sed λ alterum puncto del.) T d 1 πέτετο libri Homerici : πέτατο W (sed suprascr. ἐπα) : πέτητο F : ἕπετο T f d 4 γε T F : om. W e 7 φῄς Baiter : ἔφης T W F ἅπαντα T W f : οὐ πάντα F

门廊充满了鬼影，而庭院也充满了它们
它们奔赴幽冥下面的厄瑞珀斯[132]。太阳 539a5
已经从天上完全毁灭，而不幸的迷雾扩散了开来[133]。 539b1

而且在《伊利亚特》中的许多地方也如此，例如，就攻城战，他其实在那儿也说道[134]——

一只鸟儿突然出现在他们那里，正当他们急于跨过时，
一只高飞的鹰，在左侧防卫着队伍， 539b5
它用一双利爪擒着一条血红色的大蛇，它非常巨大， 539c1
但还活着，仍在挣扎；并且尚未丧失高昂的斗志。
于是它咬了那擒着它的鹰，对着它颈边的胸部
通过从后面扭转身躯；那鹰只好把它从自己那里[135]丢到地上
因为它由于疼而痛苦不已，将之扔到了人群中间。 539c5
而它自己一声长鸣借着风的气息飞走。 539d1

这些以及其他诸如此类的，我要说，它们都适合于一位预言家来进行检查和判断。

伊翁：你的确说得正确，苏格拉底啊。

苏格拉底：而你，伊翁啊，这样说，也的确说得正确。那就来吧！ 539d5
你也为我，就像我为你不仅从《奥德修斯》那里，而且从《伊利亚特》
那里，选取了诸如属于预言家的一些东西，诸如属于医生的一些东西，
以及诸如属于渔夫的一些东西那样，也请你以这种方式〈从它们中〉为 539e1
我选取，既然关于荷马你的确是比我更有经验的，诸如属于朗诵史诗的
人，伊翁啊，以及属于朗诵史诗的技艺的一些东西，它们适合于史诗朗
诵者来进行检查和做出剖判，而超出其他人〈的能力〉之外[136]。 539e5

伊翁：我其实主张，苏格拉底啊，所有东西〈都适合于史诗朗诵者〉。

苏格拉底：你肯定不会主张，伊翁啊，所有东西〈都适合于史诗朗诵者〉；或者你是如此的健忘？然而，一个朗诵史诗的人[137]是健忘的，这无论如何都会不合适。

伊翁：那我究竟忘记了什么呢？ 540a1

ΣΩ. Οὐ μέμνησαι ὅτι ἔφησθα τὴν ῥαψῳδικὴν τέχνην
ἑτέραν εἶναι τῆς ἡνιοχικῆς;—ΙΩΝ. Μέμνημαι.—ΣΩ. Οὐκ-
οῦν καὶ ἑτέραν οὖσαν ἕτερα γνώσεσθαι ὡμολόγεις;—ΙΩΝ.
Ναί.—ΣΩ. Οὐκ ἄρα πάντα γε γνώσεται ἡ ῥαψῳδικὴ κατὰ
τὸν σὸν λόγον οὐδὲ ὁ ῥαψῳδός.—ΙΩΝ. Πλήν γε ἴσως τὰ
τοιαῦτα, ὦ Σώκρατες.

ΣΩ. Τὰ τοιαῦτα δὲ λέγεις πλὴν τὰ τῶν ἄλλων τεχνῶν b
σχεδόν τι· ἀλλὰ ποῖα δὴ γνώσεται, ἐπειδὴ οὐχ ἅπαντα;

ΙΩΝ. Ἃ πρέπει, οἶμαι ἔγωγε, ἀνδρὶ εἰπεῖν καὶ ὁποῖα
γυναικί, καὶ ὁποῖα δούλῳ καὶ ὁποῖα ἐλευθέρῳ, καὶ ὁποῖα
ἀρχομένῳ καὶ ὁποῖα ἄρχοντι.

ΣΩ. Ἆρα ὁποῖα ἄρχοντι, λέγεις, ἐν θαλάττῃ χειμαζομένου
πλοίου πρέπει εἰπεῖν, ὁ ῥαψῳδὸς γνώσεται κάλλιον ἢ ὁ
κυβερνήτης;—ΙΩΝ. Οὔκ, ἀλλὰ ὁ κυβερνήτης τοῦτό γε.—
ΣΩ. Ἀλλ' ὁποῖα ἄρχοντι κάμνοντος πρέπει εἰπεῖν, ὁ c
ῥαψῳδὸς γνώσεται κάλλιον ἢ ὁ ἰατρός;—ΙΩΝ. Οὐδὲ
τοῦτο.—ΣΩ. Ἀλλ' οἷα δούλῳ πρέπει, λέγεις;—ΙΩΝ.
Ναί.—ΣΩ. Οἷον βουκόλῳ λέγεις δούλῳ ἃ πρέπει εἰπεῖν
ἀγριαινουσῶν βοῶν παραμυθουμένῳ, ὁ ῥαψῳδὸς γνώσεται
ἀλλ' οὐχ ὁ βουκόλος;—ΙΩΝ. Οὐ δῆτα.—ΣΩ. Ἀλλ' οἷα
γυναικὶ πρέποντά ἐστιν εἰπεῖν ταλασιουργῷ περὶ ἐρίων
ἐργασίας;—ΙΩΝ. Οὔ.—ΣΩ. Ἀλλ' οἷα ἀνδρὶ πρέπει εἰπεῖν d
γνώσεται στρατηγῷ στρατιώταις παραινοῦντι;—ΙΩΝ. Ναί,
τὰ τοιαῦτα γνώσεται ὁ ῥαψῳδός.

ΣΩ. Τί δέ; ἡ ῥαψῳδικὴ τέχνη στρατηγική ἐστιν;

ΙΩΝ. Γνοίην γοῦν ἂν ἔγωγε οἷα στρατηγὸν πρέπει εἰπεῖν.

ΣΩ. Ἴσως γὰρ εἶ καὶ στρατηγικός, ὦ Ἴων. καὶ γὰρ εἰ
ἐτύγχανες ἱππικὸς ὢν ἅμα καὶ κιθαριστικός, ἔγνως ἂν ἵππους
εὖ καὶ κακῶς ἱππαζομένους· ἀλλ' εἴ σ' ἐγὼ ἠρόμην· "Ποτέρᾳ e
δὴ τέχνῃ, ὦ Ἴων, γιγνώσκεις τοὺς εὖ ἱππαζομένους ἵππους;

b 8 ἀλλὰ ὁ W : ἄλλο F : ἀλλὰ καὶ ὁ T et in marg. f c 1 κάμνοντος F : κάμνοντι T W f d 2 ναί scr. recc. : νή T W F d 5 ἄν Sydenham : ἄρ' W : ἆρ' T : om. F ἔγωγε F : ἐγὼ T W d 6 ὦ F : om. T W e 1 ἠρόμην T W (sed ἠ in ras. T) : ἐροίμην F

苏格拉底：难道你不记得了，你说过史诗朗诵者的技艺是不同于御
者的技艺的？——**伊翁**：我记得。——**苏格拉底**：那么，你岂不进而也
承认过，它既然是一种不同的技艺，那它也将认识不同的事情？——**伊
翁**：是的。——**苏格拉底**：那么，根据你的说法，无论是史诗朗诵者的 540a5
技艺，还是史诗朗诵者，无论如何都将不认识所有的事情。——**伊翁**：
或许除了诸如此类的事情，苏格拉底啊。

苏格拉底：而诸如此类的事情除外，你差不多在说属于〈所有〉其 540b1
他技艺的那些事情；那么他究竟将认识哪些事情，既然不是全部？

伊翁：那些适合一个男人说的事情，至少我认为，以及诸如适合一
个女人说的，诸如适合一个奴隶说的和诸如适合一个自由人说的，诸如 540b5
适合一个被统治者说的和诸如适合一个统治者说的。

苏格拉底：那么，你在说，当一艘船在海上遭受风暴时[138]，诸如
适合其指挥者说的那些事情，史诗朗诵者将比舵手认识得更好？——**伊
翁**：不会，而是舵手〈将认识得更好〉，至少就这种情形来说。——**苏** 540c1
格拉底：而当一个人患病，诸如适合其掌管者说的那些事情，史诗朗诵
者将比医生认识得更好吗？——**伊翁**：就这种情形来说，也不会。——
苏格拉底：而适合一个奴隶〈说〉的那些事情，你在说〈他将认识得
好〉？——**伊翁**：是的。——**苏格拉底**：例如，一个奴隶，如果他是
一个牧牛人，适合他说的那些事情，当他要使一些在发怒的牛平静下 540c5
来时，你说史诗朗诵者将认识它们，而不是牧牛人？——**伊翁**：显然
不。——**苏格拉底**：但一个女人，如果她是一个纺羊毛的人，关于羊毛
的工作适合她说的那些事情〈，史诗朗诵者将认识它们〉？——**伊翁**： 540d1
不。——**苏格拉底**：而一个男人，如果他是一位将军，当他鼓励那些士
兵时适合他说的那些事情，〈史诗朗诵者〉将认识它们？——**伊翁**：是
的，史诗朗诵者将认识诸如此类的事情。

苏格拉底：怎么回事？朗诵史诗的技艺是统兵的技艺吗？

伊翁：无论如何，我肯定会认识那些适合一个将军说的事情。 540d5

苏格拉底：或许因为你也是一个精通统兵的人，伊翁啊。因为，如
果你碰巧是一个精通骑马的人，同时也是一个精通弹琴的人，那么，你 540e1
就会认出那些被骑得好的马和那些被骑得坏的马。但是，如果我问你：

ᾗ ἱππεὺς εἶ ἢ ᾗ κιθαριστής;” τί ἂν μοι ἀπεκρίνω;—ΙΩΝ. Ἧι ἱππεύς, ἔγωγ' ἄν.—ΣΩ. Οὐκοῦν εἰ καὶ τοὺς εὖ κιθαρίζοντας διεγίγνωσκες, ὡμολόγεις ἄν, ᾗ κιθαριστὴς εἶ, ταύτῃ διαγιγνώσκειν, ἀλλ' οὐχ ᾗ ἱππεύς.—ΙΩΝ. Ναί.—ΣΩ. Ἐπειδὴ δὲ τὰ στρατιωτικὰ γιγνώσκεις, πότερον ᾗ στρατηγικὸς εἶ γιγνώσκεις ἢ ᾗ ῥαψῳδὸς ἀγαθός;—ΙΩΝ. Οὐδὲν ἔμοιγε δοκεῖ διαφέρειν.

541 ΣΩ. Πῶς; οὐδὲν λέγεις διαφέρειν; μίαν λέγεις τέχνην εἶναι τὴν ῥαψῳδικὴν καὶ τὴν στρατηγικὴν ἢ δύο;—ΙΩΝ. Μία ἔμοιγε δοκεῖ.—ΣΩ. Ὅστις ἄρα ἀγαθὸς ῥαψῳδός ἐστιν, οὗτος καὶ ἀγαθὸς στρατηγὸς τυγχάνει ὤν;—ΙΩΝ. Μάλιστα, ὦ Σώκρατες.—ΣΩ. Οὐκοῦν καὶ ὅστις ἀγαθὸς στρατηγὸς τυγχάνει ὤν, ἀγαθὸς καὶ ῥαψῳδός ἐστιν.—ΙΩΝ. Οὐκ αὖ μοι δοκεῖ τοῦτο.—ΣΩ. Ἀλλ' ἐκεῖνο μὴν δοκεῖ σοι, ὅστις γε ἀγαθὸς
b ῥαψῳδός, καὶ στρατηγὸς ἀγαθὸς εἶναι;—ΙΩΝ. Πάνυ γε.—ΣΩ. Οὐκοῦν σὺ τῶν Ἑλλήνων ἄριστος ῥαψῳδὸς εἶ;—ΙΩΝ. Πολύ γε, ὦ Σώκρατες.—ΣΩ. Ἦ καὶ στρατηγός, ὦ Ἴων, τῶν Ἑλλήνων ἄριστος εἶ;—ΙΩΝ. Εὖ ἴσθι, ὦ Σώκρατες· καὶ ταῦτά γε ἐκ τῶν Ὁμήρου μαθών.

ΣΩ. Τί δή ποτ' οὖν πρὸς τῶν θεῶν, ὦ Ἴων, ἀμφότερα ἄριστος ὢν τῶν Ἑλλήνων, καὶ στρατηγὸς καὶ ῥαψῳδός, ῥαψῳδεῖς μὲν περιιὼν τοῖς Ἕλλησι, στρατηγεῖς δ' οὔ; ἢ
c ῥαψῳδοῦ μὲν δοκεῖ σοι χρυσῷ στεφάνῳ ἐστεφανωμένου πολλὴ χρεία εἶναι τοῖς Ἕλλησι, στρατηγοῦ δὲ οὐδεμία;

ΙΩΝ. Ἡ μὲν γὰρ ἡμετέρα, ὦ Σώκρατες, πόλις ἄρχεται ὑπὸ ὑμῶν καὶ στρατηγεῖται καὶ οὐδὲν δεῖται στρατηγοῦ, ἡ δὲ ὑμετέρα καὶ ἡ Λακεδαιμονίων οὐκ ἄν με ἕλοιτο στρατηγόν· αὐτοὶ γὰρ οἴεσθε ἱκανοὶ εἶναι.

ΣΩ. Ὦ βέλτιστε Ἴων, Ἀπολλόδωρον οὐ γιγνώσκεις τὸν Κυζικηνόν;

e 3 ἀπεκρίνω F: ἀπεκρίνου T W e 7 τὰ T F: om. W e 8 ἀγαθός secl. Schanz e 9 ἔμοιγε T W: ἐμοὶ F a 7 μὴν F: μὲν T W σοι T W: σοι εἶναι F γε T W: τε F b 7 στρατηγὸς T W: στρατηγὸς ὢν F

“究竟凭借其中哪门技艺，伊翁啊，你认出那些被骑得好的马呢？凭借
你由之是一个骑手的那门技艺，还是凭借你由之是一个琴师的那门技
艺？”你会怎么回答我？——**伊翁**：凭借由之是一个骑手的那门技艺，
我肯定会这么回答。——**苏格拉底**：那么，如果你也识别出了那些琴
弹得好的人，你岂不会承认，你是凭借由之你是一个琴师的这门技艺才 540e5
识别出他们，而不是凭借你由之是一个骑手的那门技艺。——**伊翁**：是
的。——**苏格拉底**：而你既然认识那些关乎士兵的事情，你认识它们，
是凭借你由之是一个将军的这门技艺，还是凭借你由之是一个优秀的史
诗朗诵者的那门技艺？——**伊翁**：至少在我看来没有任何不同。

苏格拉底：什么？你说没有任何不同？你说史诗朗诵术和统兵术 541a1
是一门技艺呢，还是两门技艺[139]？——**伊翁**：至少在我看来是一门技
艺。——**苏格拉底**：难道任何一个人，只要他是一个优秀的史诗朗诵
者，那这个人也就恰好是一位优秀的将军？——**伊翁**：肯定，苏格拉底 541a5
啊。——**苏格拉底**：那么，甚至任何一个人，只要他恰好是一位优秀的
将军，那他也就是一个优秀的史诗朗诵者。——**伊翁**：这在我看来不会
复又如此。——**苏格拉底**：但你真的认为〈前面〉那种情况是如此的吗，
即任何一个人，只要他确实是一个优秀的史诗朗诵者，那他也就是一位 541b1
优秀的将军？——**伊翁**：完全如此。——**苏格拉底**：那么，你是希腊人
中最优秀的史诗朗诵者吗？——**伊翁**：肯定最最优秀，苏格拉底啊。——
苏格拉底：那你也是，伊翁啊，希腊人中最优秀的将军吗？——**伊翁**：
请你放心[140]！苏格拉底啊；我确实已经从荷马的那些作品中学习了这点。541b5

苏格拉底：诸神在上，这究竟是怎么回事呢，伊翁啊，既然你在两方
面都是希腊人中最优秀的，无论是作为将军，还是作为史诗朗诵者，那你
为何在希腊人那里四处转悠对他们朗诵史诗，而不当将军？抑或在你看来，541c1
希腊人非常需要一位头戴金冠的史诗朗诵者，而根本不需要一位将军[141]？

伊翁：是的[142]，一方面，我们的城邦，苏格拉底啊，被你们统治
着，并且被你们的一位将军指挥[143]，因而它就不需要将军了；另一方
面，你们的城邦和拉栖岱蒙人[144]的城邦都不会选我作将军，因为你们 541c5
认为你们自己就足以胜任。

苏格拉底：最优秀的伊翁啊，难道你不认识库奇科斯人阿波罗多洛
斯[145]吗？

ΙΩΝ. Ποῖον τοῦτον;

ΣΩ. Ὃν Ἀθηναῖοι πολλάκις ἑαυτῶν στρατηγὸν ᾕρηνται
ξένον ὄντα· καὶ Φανοσθένη τὸν Ἄνδριον καὶ Ἡρακλείδην τὸν d
Κλαζομένιον, οὓς ἥδε ἡ πόλις ξένους ὄντας, ἐνδειξαμένους
ὅτι ἄξιοι λόγου εἰσί, καὶ εἰς στρατηγίας καὶ εἰς τὰς ἄλλας
ἀρχὰς ἄγει· Ἴωνα δ' ἄρα τὸν Ἐφέσιον οὐχ αἱρήσεται
στρατηγὸν καὶ τιμήσει, ἐὰν δοκῇ ἄξιος λόγου εἶναι; τί δέ;
οὐκ Ἀθηναῖοι μέν ἐστε οἱ Ἐφέσιοι τὸ ἀρχαῖον, καὶ ἡ Ἔφεσος
οὐδεμιᾶς ἐλάττων πόλεως; ἀλλὰ γὰρ σύ, ὦ Ἴων, εἰ μὲν ἀληθῆ e
λέγεις ὡς τέχνῃ καὶ ἐπιστήμῃ οἷός τε εἶ Ὅμηρον ἐπαινεῖν,
ἀδικεῖς, ὅστις ἐμοὶ ὑποσχόμενος ὡς πολλὰ καὶ καλὰ περὶ
Ὁμήρου ἐπίστασαι καὶ φάσκων ἐπιδείξειν, ἐξαπατᾷς με καὶ
πολλοῦ δεῖς ἐπιδεῖξαι, ὅς γε οὐδὲ ἅττα ἐστὶ ταῦτα περὶ
ὧν δεινὸς εἶ ἐθέλεις εἰπεῖν, πάλαι ἐμοῦ λιπαροῦντος, ἀλλὰ
ἀτεχνῶς ὥσπερ ὁ Πρωτεὺς παντοδαπὸς γίγνῃ στρεφόμενος
ἄνω καὶ κάτω, ἕως τελευτῶν διαφυγών με στρατηγὸς ἀνεφά-
νης, ἵνα μὴ ἐπιδείξῃς ὡς δεινὸς εἶ τὴν περὶ Ὁμήρου σοφίαν. 542
εἰ μὲν οὖν τεχνικὸς ὤν, ὅπερ νυνδὴ ἔλεγον, περὶ Ὁμήρου
ὑποσχόμενος ἐπιδείξειν ἐξαπατᾷς με, ἄδικος εἶ· εἰ δὲ μὴ
τεχνικὸς εἶ, ἀλλὰ θείᾳ μοίρᾳ κατεχόμενος ἐξ Ὁμήρου μηδὲν
εἰδὼς πολλὰ καί καλὰ λέγεις περὶ τοῦ ποιητοῦ, ὥσπερ ἐγὼ
εἶπον περὶ σοῦ, οὐδὲν ἀδικεῖς. ἑλοῦ οὖν πότερα βούλει
νομίζεσθαι ὑπὸ ἡμῶν ἄδικος ἀνὴρ εἶναι ἢ θεῖος.

ΙΩΝ. Πολὺ διαφέρει, ὦ Σώκρατες· πολὺ γὰρ κάλλιον τὸ b
θεῖον νομίζεσθαι.

ΣΩ. Τοῦτο τοίνυν τὸ κάλλιον ὑπάρχει σοι παρ' ἡμῖν, ὦ
Ἴων, θεῖον εἶναι καὶ μὴ τεχνικὸν περὶ Ὁμήρου ἐπαινέτην.

e 5 δεῖς scr. recc.: δεῖ σ' T W: δ' εἰς F e 6 πάλαι T W: πολλὰ F b 1 σώκρατες T W: σώκρατες θεῖος F b 3 ὑπάρχει] ὑπάρξει Schanz ἡμῖν T F: ἡμων W

伊翁：他是何种人[146]？

苏格拉底：雅典人曾多次选择他作他们自己的将军，尽管他是一个 541c10
外邦人；还有安德洛斯人法诺斯忒涅斯[147]和克拉佐门奈人赫拉克勒得 541d1
斯[148]，他们虽然都是外邦人，但由于展示出自己是卓越的[149]，于是这
里的这个城邦[150]就提拔他们去领兵和担任一些其他的公职[151]。而它难
道就不能选择爱菲斯人伊翁做将军，并将尊敬他吗，如果他看起来是卓 541d5
越的话？怎么回事？你们爱菲斯人在古代不就是雅典人吗[152]，而且爱菲 541e1
斯也不比其他任何一个城邦差？当然[153]，你，伊翁啊，如果你在说真
话，即你能够凭借一种技艺和凭借一门知识来赞美荷马，那你就是在行
不义；因为你虽然向我许诺关于荷马你知道许多漂亮的东西，还声称将
进行展示，但你在欺骗我，并且你也远没有进行展示[154]，因为你甚至不 541e5
愿意说出，你对之所擅长的那些事情是一些什么事情，尽管我早已再三
要求；而你完全就像普洛透斯[155]，通过来来回回地兜圈子[156]而变成五
花八门的样子，直到最终[157]你通过表现成一位将军来逃避我，为了不
展示在关于荷马的智慧方面你是多么的高明。因此，一方面，如果你， 542a1
作为一个有技艺的人，就像我刚才所说的那样，关于荷马虽然许诺进行
展示，但在欺骗我，那么你就是不义的；另一方面，如果你不是一个
有技艺的人，但凭借一份神圣的定命从荷马那里被神附体，虽然一无所 542a5
知，但关于这位诗人却说出了许多漂亮的东西，正如我关于你所说的那
样[158]，那么，你就没有在行不义。所以，请你选择，你是愿意被我们视
为是一个不义的人呢，还是一个具有神性的人？

伊翁：这非常不一样，苏格拉底啊；因为被视为一个具有神性的 542b1
人，这要美好得多。

苏格拉底：那好，这一更美好的事情在我们眼里[159]属于你[160]，伊翁啊，关于荷马你是一个具有神性的，而不是一个具有技艺的赞美者。

注　　释

1 χαίρειν［你好！］χαίρειν 是动词 χαίρω 的现在时不定式主动态，χαίρω 的本意是“喜悦”“满意”；但其不定式 χαίρειν 单独用于篇首或书信的开头，作问候语，暗含了动词 κελεύω［要求］或 λέγω［说］，故当译为“你好！”

2 τὰ νῦν 是一个整体和固定表达，意思是“现在”“如今”；副词 νῦν 经常同冠词连用，如 τὸ νῦν，τὰ νῦν，比单独使用 νῦν，意思更强。参见：

《斐洞》（57a6–b2）：καὶ γὰρ οὔτε τῶν πολιτῶν Φλειασίων οὐδεὶς πάνυ τι ἐπιχωριάζει τὰ νῦν Ἀθήναζε, οὔτε τις ξένος ἀφῖκται χρόνου συχνοῦ ἐκεῖθεν ὅστις ἂν ἡμῖν σαφές τι ἀγγεῖλαι οἷός τ᾽ ἦν περὶ τούτων, πλήν γε δὴ ὅτι φάρμακον πιὼν ἀποθάνοι.［也因为在我的同胞，即在佛莱欧斯人中，现今几乎无人经常到雅典去，而长时间以来也没有任何一位能够比较真实地向我们报告这些事情的客人从那边来，除了有人报告的确他已经通过喝毒药死了。］

《智者》（239b1–3）：Τὸν μὲν τοίνυν ἐμέ γε τί τις ἂν λέγοι; καὶ γὰρ πάλαι καὶ τὰ νῦν ἡττημένον ἂν εὕροι περὶ τὸν τοῦ μὴ ὄντος ἔλεγχον.［因此，就我这种人，一个人究竟还能有什么可说呢？因为，无论是过去，还是现在，他都会发现在对不是者的反驳方面我是一个失败者。］

3 ἡμῖν ἐπιδεδήμηκας［访问我们］。ἐπιδεδήμηκας 是动词 ἐπιδημέω 的完成时直陈式主动态第二人称单数；ἐπιδημέω 的基本意思是“住在家里”“定居在一个地方”，但跟与格的意思则是“拜访”“访问”；《牛津希–英词典》（*A Greek-English Lexicon*, H. G. Liddell and R. Scott, With a Revised Supplement. Charendon Press · Oxford, 1996）对 ἐπιδημέω τινί 的解释是：visit a person。

4 爱菲斯（Ἔφεσος, Ephesos），也译为“以弗所”，位于小亚细亚的伊奥尼亚地区，是哲学家赫拉克利特的家乡。

5 ἐξ Ἐπιδαύρου ἐκ τῶν Ἀσκληπιείων［从在厄庇道洛斯的阿斯克勒庇俄斯节］是一个整体，类似的表达可参见：

《卡尔米德斯》(153a1–2)：ἐκ Ποτειδαίας ἀπὸ τοῦ στρατοπέδου [从在波底代亚的军营]

《泰阿泰德》(142a6–7)：Εἰς λιμένα καταβαίνων Θεαιτήτῳ ἐνέτυχον φερομένῳ ἐκ Κορίνθου ἀπὸ τοῦ στρατοπέδου Ἀθήναζε. [当我下到港口去时，遇见了被从在科林托斯的军营抬出来的泰阿泰德，他们正赶回雅典。]

厄庇道洛斯（Ἐπίδαυρος, Epidauros）位于伯罗奔尼撒半岛的东北部，在那里有祭祀医神阿斯克勒庇俄斯（Ἀσκληπιός, Asklepios）的神庙，并举办有以体育比赛为主的阿斯克勒庇俄斯节（Ἀσκληπίεια, Asklepieia）。

6 καί 在这里不是连词，而是副词，表强调；基于文义，将之译为"甚至连"。

7 ῥαψῳδῶν [在那些史诗朗诵者之间]。ῥαψῳδῶν 是 ῥαψῳδός [史诗朗诵者] 的属格复数，而"史诗朗诵者"既指朗诵自己创作的史诗的人，也指朗诵别人创作的史诗的人，尤其指朗诵荷马史诗的人。

8 ἀγῶνα τιθέασιν [他们举办一场比赛]。ἀγῶνα τίθημι 是固定表达，意思是"举办比赛""组织比赛"。

9 καὶ τῆς ἄλλης γε μουσικῆς [并且还有其他的文艺比赛]。μουσική 在这里取其广义，故不译为"音乐"，而译为"文艺"。在古代希腊，广义的 μουσική [文艺] 同 γυμναστική [体育] 相对，前者锻炼灵魂，后者锻炼身体。参见：

《克里同》(50d5–e1)：Ἀλλὰ τοῖς περὶ τὴν τοῦ γενομένου τροφήν τε καὶ παιδείαν ἐν ᾗ καὶ σὺ ἐπαιδεύθης; ἢ οὐ καλῶς προσέταττον ἡμῶν οἱ ἐπὶ τούτῳ τεταγμένοι νόμοι, παραγγέλλοντες τῷ πατρὶ τῷ σῷ σε ἐν μουσικῇ καὶ γυμναστικῇ παιδεύειν; [而你会责怪关于出生者的抚养以及关于你也曾于其中被教育的那种教育的那些法律吗？或者我们中这些为此而被设立起来的法律，当它们要求你父亲在文艺和体育方面教育你时，它们未曾好好地下命令？]

《斐洞》(60e4–61a4)：ἦν γὰρ δὴ ἄττα τοιάδε· πολλάκις μοι φοιτῶν τὸ αὐτὸ ἐνύπνιον ἐν τῷ παρελθόντι βίῳ, ἄλλοτ' ἐν ἄλλῃ ὄψει φαινόμενον, τὰ αὐτὰ δὲ λέγον, "Ὦ Σώκρατες," ἔφη, "μουσικὴν ποίει καὶ ἐργάζου." καὶ ἐγὼ ἔν γε τῷ πρόσθεν χρόνῳ ὅπερ ἔπραττον τοῦτο ὑπελάμβανον αὐτό μοι παρακελεύεσθαί τε καὶ ἐπικελεύειν, ὥσπερ οἱ τοῖς θέουσι διακελευόμενοι, καὶ ἐμοὶ οὕτω τὸ ἐνύπνιον ὅπερ ἔπραττον τοῦτο ἐπικελεύειν, μουσικὴν ποιεῖν, ὡς φιλοσοφίας μὲν οὔσης μεγίστης μουσικῆς, ἐμοῦ δὲ τοῦτο πράττοντος. [事情其实是这样，在过去的一生中同一个梦经常造访我，虽然在不同的时候以不同的形象出现，但它总是说相同的事情；它说："苏格拉底啊，你要创作和耕耘文艺！"而在以往的时间里，我认为它不过是在激励和鞭策我做我已经在做的事情而已；就像人们鼓励那些奔跑的人一样，梦也同样在勉励我做我已经在做的事情，即创作文艺，因为热

爱智慧就是最高的文艺，而我就在从事这件事。]

《政制》(429e8-430a1)：ὅτε ἐξελεγόμεθα τοὺς στρατιώτας καὶ ἐπαιδεύομεν μουσικῇ καὶ γυμναστικῇ. [我们选择士兵，并用文艺和体育来教育他们。]

10 ἠγωνίζου τι ἡμῖν; [请告诉我们，你参加比赛了吗？]τι 在这里表一种语气，无需译出，后面 πῶς 之后的 τι，同样如此；当然也可以译为："请告诉我们，你参加了某种比赛吗？"这里的 ἡμῖν，在语法现象上当理解为 dativus ethicus [伦理与格]；而所谓"伦理与格"，说的是人称代词的与格通常用来表达被指称的人的某种要求、关切等；因此，在这里把 ἡμῖν 译为"请告诉我们"。参见：《苏格拉底的申辩》(20e3-5)：καί μοι, ὦ ἄνδρες Ἀθηναῖοι, μὴ θορυβήσητε, μηδ' ἐὰν δόξω τι ὑμῖν μέγα λέγειν. [诸位雅典人啊，我请求你们不要喧哗，即使我看起来在对你们说某种大话。](37e3-4)：Σιγῶν δὲ καὶ ἡσυχίαν ἄγων, ὦ Σώκρατες, οὐχ οἷός τ' ἔσῃ ἡμῖν ἐξελθὼν ζῆν; [苏格拉底，请告诉我们，如果你沉默并保持安静，在离开之后不就能够活了吗？]

11 τὰ πρῶτα τῶν ἄθλων ἠνεγκάμεθα [我们获得了头奖]。ἠνεγκάμεθα 是动词 φέρω 的一次性过去时直陈式中动态第一人称复数，φέρω 的中动态具有"为自己赢得""获得""夺走"等意思，如词组 ἆθλον φέρεσθαι [夺走奖品]。参见《斐德若》(245b4-6)：ἀλλὰ τόδε πρὸς ἐκείνῳ δείξας φερέσθω τὰ νικητήρια, ὡς οὐκ ἐπ' ὠφελίᾳ ὁ ἔρως τῷ ἐρῶντι καὶ τῷ ἐρωμένῳ ἐκ θεῶν ἐπιπέμπεται. [然而，除了〈上面所说的〉那点之外，它还得通过显明下面这点才可以夺走奖品：并不是为了一种益处，爱被诸神送给了爱者和被爱者。](256d5-6)：ὥστε οὐ σμικρὸν ἆθλον τῆς ἐρωτικῆς μανίας φέρονται. [因而他们从爱欲的迷狂那里赢得了不小的奖赏。]

此外，这里的动词使用复数，这在语法上可被视为 pluralis modestiae [谦虚复数]，即背后意思虽然是单数"我"，但表达时用复数形式"我们"，以示"谦虚"或"礼貌"。参见：

《欧悌弗戎》(12e1-4)：Πειρῶ δὴ καὶ σὺ ἐμὲ οὕτω διδάξαι τὸ ποῖον μέρος τοῦ δικαίου ὅσιόν ἐστιν, ἵνα καὶ Μελήτῳ λέγωμεν μηκέθ' ἡμᾶς ἀδικεῖν μηδὲ ἀσεβείας γράφεσθαι, ὡς ἱκανῶς ἤδη παρὰ σοῦ μεμαθηκότας τά τε εὐσεβῆ καὶ ὅσια καὶ τὰ μή. [那么就请你试着这样教我，虔敬的东西是正当的东西的哪个部分，以便我们能对梅勒托斯说，别再对我们行不义，也不要起诉我们不敬神，因为我们已经从你那儿充分地学习了那些敬神的和虔敬的东西，以及那些不敬神的和不虔敬的东西。]

《斐洞》(118a7-8)：Ὦ Κρίτων, ἔφη, τῷ Ἀσκληπιῷ ὀφείλομεν ἀλεκτρυόνα· ἀλλὰ ἀπόδοτε καὶ μὴ ἀμελήσητε. [克里同啊，他说，我们欠阿斯克勒庇俄斯一

只公鸡，那你们得还上，可别忘记了！］

12 εὖ λέγεις［好消息！］这里不能译为“你说得好”或“你说得正确”等；《牛津希-英词典》对 εὖ λέγεις 的这一用法的解释是：good news!

13 ἄγε δή 是词组。ἄγε 是动词 ἄγω［引领］的现在时第二人称命令式单数，在这里作副词用，意味“来吧”“来呀”。

14 ὅπως καὶ τὰ Παναθήναια νικήσομεν［以便我们在泛雅典娜节上也得胜］。ὅπως 在这里是目的连接词，目的句用将来时。参见《斐德若》（252e2-5）：σκοποῦσιν οὖν εἰ φιλόσοφός τε καὶ ἡγεμονικὸς τὴν φύσιν, καὶ ὅταν αὐτὸν εὑρόντες ἐρασθῶσι, πᾶν ποιοῦσιν ὅπως τοιοῦτος ἔσται.［因此，他们考察他是否在本性上就是一个热爱智慧的人和一个适合当统帅的人，并且每当找到他，他们就会爱慕他，他们〈倾其所能地〉做一切事情，以便他将是这样的人］

雅典祭祀雅典娜女神的节日分为两次，一次叫泛雅典娜大节（τὰ μεγάλα Παναθήναια），一次叫泛雅典娜小节（τὰ μικρὰ Παναθήναια）；“泛雅典娜大节”每四年举行一次，而在其他三年中，每年举行一次“泛雅典娜小节”。参见《欧悌弗戎》（6b7-c3）：Καὶ πόλεμον ἆρα ἡγῇ σὺ εἶναι τῷ ὄντι ἐν τοῖς θεοῖς πρὸς ἀλλήλους, καὶ ἔχθρας γε δεινὰς καὶ μάχας καὶ ἄλλα τοιαῦτα πολλά, οἷα λέγεταί τε ὑπὸ τῶν ποιητῶν, καὶ ὑπὸ τῶν ἀγαθῶν γραφέων τά τε ἄλλα ἱερὰ ἡμῖν καταπεποίκιλται, καὶ δὴ καὶ τοῖς μεγάλοις Παναθηναίοις ὁ πέπλος μεστὸς τῶν τοιούτων ποικιλμάτων ἀνάγεται εἰς τὴν ἀκρόπολιν;［那么你其实还是相信在诸神之间有着战争，有着各种可怕的仇恨和交战，以及许多其他诸如此类的事情，就像被诗人们所讲述的那样，以及就像其他那些圣物被优秀的画家们为我们所装饰的那样，尤其像在泛雅典娜大节时被迎送到卫城那儿的那件袍子绣满了这些花样繁多的故事那样，是这样吗？］

15 ἀλλ' ἔσται ταῦτα［那敢情好］，字面意思是“那将是这样的”。ἔσται ταῦτα 在这里是固定用法，也写作 ἔστι ταῦτα 或 ταῦτα。指示代词 οὗτος 的中性复数 ταῦτα 在这里作副词使用；ἔσται ταῦτα / ἔστι ταῦτα / ταῦτα 作为答复语，意思是“好的”“是的”“遵命”“照办”，例如：ταῦτ', ὦ δέσποτα.［好的，主人！］

16 καὶ μήν 是固定表达，意思是“确实”“的确”。μήν 作为小品词，起加强语气的作用，意思是“真的”“无疑”，它可以同其他小词一起构成各种固定表达；例如，ἦ μήν［实实在在］，τί μήν［当然］。

17 ἐζήλωσα ὑμᾶς τοὺς ῥαψῳδούς ... τῆς τέχνης［我经常羡慕你们这些史诗朗诵者……由于〈你们的〉技艺。］τέχνη［技艺］一词，在这里也可以译为“职业”。ἐζήλωσα 是动词 ζηλόω［羡慕 / 嫉妒］的一次性过去时直陈式主动态第一人称单数。ζηλόω τινά τινος 是固定搭配，意思是“由于……而羡慕某人”“为了……而羡慕某人”，被羡慕的人用宾格，而表原因或理由的事情用属格；所以这里分别出现的是复数宾格 ὑμᾶς τοὺς ῥαψῳδούς［你们这些史诗朗诵者］和单数属格 τῆς τέχνης［由于〈你们的〉技艺］。

18 ἅμα μὲν ... ἅμα δέ 是固定搭配，本意是“部分地……部分地”，这里根据上下文将之译为“一方面……另一方面”；《牛津希-英词典》对之的解释是：partly ... partly ...。

参见《斐洞》（115d5-6）：παραμυθούμενος ἅμα μὲν ὑμᾶς, ἅμα δ' ἐμαυτόν.［一方面劝慰你们，另一方面劝慰我自己而已。］（180d6-9）：καὶ ἅμα μὲν ἐγὼ ἴσως οὐδ' ἂν οἷός τε εἴην, ἅμα δέ, εἰ καὶ ἠπιστάμην, ὁ βίος μοι δοκεῖ ὁ ἐμός, ὦ Σιμμία, τῷ μήκει τοῦ λόγου οὐκ ἐξαρκεῖν.［一方面，我自己或许也不能做到，另一方面，即使我能够做到，但在我看来，西米阿斯啊，我余下的生命也够不上讨论的长度了。］

《拉刻斯》（179e4-6）：ἔδοξε δὴ χρῆναι αὐτούς τε ἐλθεῖν ἐπὶ θέαν τἀνδρὸς καὶ ὑμᾶς συμπαραλαβεῖν ἅμα μὲν συνθεατάς, ἅμα δὲ συμβούλους τε καὶ κοινωνούς, ἐὰν βούλησθε, περὶ τῆς τῶν υἱέων ἐπιμελείας.［因此，我们决定，不仅我们自己必须前来观看这个人的表演，而且必须邀请你们，一方面作为一同观赏者，另一方面作为顾问和伙伴——如果你们愿意的话——，前来商量对儿子们的关心。］

19 ἀεὶ πρέπον ὑμῶν εἶναι τῇ τέχνῃ［这总是同你们的技艺是相适合的］。πρέπον 是动词 πρέπω［相适合 / 相配］的现在时分词主动态中性单数，πρέπον ... εἶναι 是一个整体，等于不定式 πρέπειν，要求与格，所以这里出现的是单数与格 ὑμῶν ... τῇ τέχνῃ［你们的技艺］。

20 ὡς καλλίστοις［尽可能的漂亮］是固定表达，ὡς 加形容词最高级，意思是“尽可能……”；这里之所以使用与格复数，是前面省略了 πρέπον ... εἶναι 所要求的与格复数 ὑμῖν［你们］。

21 διατρίβειν 是动词 διατρίβω 的现在时不定式主动态；διατρίβω 的词干是 τρίβω，其意思是“磨”“揉”；因此，διατρίβω 的原初意思就是“消磨时间”，转义为“娱乐”“消遣”“讨论”“研究”。参见《泰阿泰德》（173c6-8）：Λέγωμεν δή, ὡς ἔοικεν, ἐπεὶ σοί γε δοκεῖ, περὶ τῶν κορυφαίων· τί γὰρ ἄν τις τούς γε φαύλως διατρίβοντας ἐν φιλοσοφίᾳ λέγοι;［既然你觉得如此，那我们似乎就该谈谈那些顶尖人物；因为，对于那些在哲学上拙劣地消磨时间的人，一个人会说什么呢？］

22 καὶ δὴ καί 是固定表达，可以译为“当然”“而”。

23 τῷ ἀρίστῳ καὶ θειοτάτῳ τῶν ποιητῶν［诗人中最优秀的和最具有神性的］，根据文义，也可以转译为“诗人中最优秀的和最为从神那里得到灵感的”。单就这句话，也可以译为“诗人中最优秀的和最神圣的”；这里之所以把形容词 θεῖος 译为“具有神性的”或“最为从神那里得到灵感的”，是为了同对话中的最后一句话相呼应：ὦ Ἴων, θεῖον εἶναι καὶ μὴ τεχνικὸν περὶ Ὁμήρου ἐπαινέτην.［伊翁啊，关于荷马你是一个具有神性的，而不是一个具有技艺的赞美者。］

24 ζηλωτόν ἐστιν［这些都是令人羡慕的］。其主语是前面的 τὸ ... ἅμα μὲν ... πρέπον ... εἶναι［一方面是相适合的］，以及 ἅμα δὲ ἀναγκαῖον εἶναι［另一方面是必然的］。

25 τοῦτο ... τῆς τέχνης［该技艺的这个方面］是一个整体。τοῦτο［这个方面］，即前面的 γιγνώσκοντα ὅτι λέγει［认识诗人所说的］。

26 ἐμοὶ ... πλεῖστον ἔργον παρέσχεν［给我制造了最大的麻烦］是一个整体。ἔργον 的基本意思是“工作”，但 ἔργον παρασχεῖν τινί 是固定表达，意思是“给某人制造麻烦”；《牛津希-英词典》对它的解释是：give one trouble。

27 κάλλιστα ἀνθρώπων λέγειν［在世上我谈得最漂亮］。名词 ἄνθρωπος［人］同形容词最高级连用，起加强语气的作用，例如，μάλιστα ἀνθρώπων［最重要的是］和 ἥκιστα ἀνθρώπων［最不］，《牛津希-英词典》对之的解释分别是：most of all 和 least of all；此外，还有诸如 τὰ ἐξ ἀνθρώπων πράγματα［世界上的所有麻烦］这样的类似表达。参见：

《吕西斯》（211e3-5）：καὶ βουλοίμην ἄν μοι φίλον ἀγαθὸν γενέσθαι μᾶλλον ἢ τὸν ἄριστον ἐν ἀνθρώποις ὄρτυγα ἢ ἀλεκτρυόνα.［并且我会希望我得到一个好朋友，而远不是世上最好的鹌鹑或最好的雄鸡。］

《泰阿泰德》（148b3）：Ἄριστά γ' ἀνθρώπων, ὦ παῖδες［世界上无人比你们更优秀了，孩子们！/你们是世界上最优秀的，孩子们！］

28 拉谟普萨科斯人墨特洛多洛斯（Μητρόδωρος ὁ Λαμψακηνός）。拉谟普萨科斯（Λάμψακος, Lampsakos）是位于达达尼尔海峡东岸的一座重要城市。墨特洛多洛斯（Μητρόδωρος, Metrodoros）生活于公元前 5 世纪左右，是哲学家阿那克萨戈拉的朋友，对荷马史诗进行了寓意解释，认为其中的诸神是各种自然能力和现象的反映。

29 塔索斯人斯忒西谟布洛托斯（Στησίμβροτος ὁ Θάσιος）。塔索斯（Θάσος, Thasos）是爱琴海北部的一个岛屿。斯忒西谟布洛托斯（Στησίμβροτος, Stesimbrotos）生活于公元前 5 世纪左右，也是一位荷马史诗的寓意解释者。

30 这里的这位格劳孔（Γλαύκων, Glaukon），生平不详；由于此处没有提到他的出生地，因而有可能就是雅典人。

31 ἔσχεν εἰπεῖν［能够讲］。ἔσχεν 是动词 ἔχω［有］的一次性过去时直陈式主动态第三人称单数，εἰπεῖν 是动词 εἶπον［讲 / 说］的一次性过去时不定式。ἔχω 跟不定式，表“能够……”。

32 Ὁμηρίδης［荷马的模仿者或崇拜者］，当然可以简单译为“荷马的崇拜者”或“荷马的模仿者”；《牛津希-英词典》对该词的解释是：imitators or admirers of Homer。参见《斐德若》（252b4–6）：λέγουσι δὲ οἶμαί τινες Ὁμηριδῶν ἐκ τῶν ἀποθέτων ἐπῶν δύο ἔπη εἰς τὸν Ἔρωτα, ὧν τὸ ἕτερον ὑβριστικὸν πάνυ καὶ οὐ σφόδρα τι ἔμμετρον.［不过我认为，一些荷马的模仿者从那些秘而不宣的诗句中背诵出关于厄洛斯的两行诗，其中第二句是非常侮慢的，并且一丁点都不合韵律。］

33 σχολὴν ποιεῖσθαι［找到空闲］是词组，《牛津希-英词典》对该词组的解释是：to find leisure。此外，与名词 σχολή［闲暇］构成的词组还有 σχολὴν ἄγειν［享受安闲 / 悠闲］，σχολὴν ἔχειν［有空闲 / 有闲暇］等。

34 形容词 δεινός 既具有“可怕的”“可怖的”意思，也有“聪明的”“高明的”“强有力的”等意思，这儿根据上下文将之意译为“擅长的”。

35 阿耳喀罗科斯（Ἀρχίλοχος, Archilochos），公元前 7 世纪的抒情诗人，抑扬格的创始人。

36 Ὅμηρός τε καὶ Ἡσίοδος ... λέγετον［荷马和赫西俄德这两人说］，之所以这么翻译，因为 λέγετον 是 λέγω 的双数。

37 πότερον οὖν περὶ τούτων κάλλιον ἂν ἐξηγήσαιο ἃ Ὅμηρος λέγει ἢ ἃ Ἡσίοδος;［那么，关于这些东西，你能够解释得好的，是荷马所说的呢，还是赫西俄德所说的？］之所以这么翻译，因为 ἢ 在这里不表比较，而是同前面的 πότερον 相搭配。πότερον ... ἤ 的意思是“是……，还是……？”而 κάλλιον 在这里是副词，等于 καλῶς，并不表比较。

38 οἷός τ' ἦσθα ἐξηγήσασθαι［你能够进行解释］。ἦσθα 是 εἰμί 的现在时虚拟式主动态第二人称单数。οἷός τ' εἶναι 是固定用法，意思是“能够”“有能力”“是可能的”，接不定式，所以这里出现的是不定式 ἐξηγήσασθαι［进行解释］。

39 ἠπίστω ἂν ἐξηγεῖσθαι［知道如何进行解释］，也可以译为“懂得如何进行解释”，或者“能够进行解释”。ἠπίστω 是动词 ἐπίσταμαι 的未完成过去时第二人称单数；ἐπίσταμαι 除了具有“知道”的意思之外，如果它跟不定式，则指“知道如何〈做〉……”“懂得如何〈做〉……”“能够〈做〉……”。参见《斐洞》（108d5–9）：ὡς μέντοι ἀληθῆ, χαλεπώτερόν μοι φαίνεται ἢ κατὰ τὴν Γλαύκου τέχνην, καὶ ἅμα μὲν ἐγὼ ἴσως οὐδ' ἂν οἷός τε εἴην, ἅμα δέ, εἰ καὶ

ἠπιστάμην, ὁ βίος μοι δοκεῖ ὁ ἐμός, ὦ Σιμμία, τῷ μήκει τοῦ λόγου οὐκ ἐξαρκεῖν.［但是，要证明它们是真的，在我看来这对于格劳科斯的技艺来说也太困难了。一方面我自己或许也不能做到，另一方面，即使我懂得如何证明，但在我看来，西米阿斯啊，我余下的生命也够不上讨论的长度了。］

40 τὰ πολλά 是词组，意思是"多半""通常"。参见：

《拉刻斯》(180d4-6)：Οὗτοι, ὦ Σώκρατές τε καὶ Νικία καὶ Λάχης, οἱ ἥλικοι ἐγὼ ἔτι γιγνώσκομεν τοὺς νεωτέρους, ἅτε κατ᾽ οἰκίαν τὰ πολλὰ διατρίβοντες ὑπὸ τῆς ἡλικίας.［真的，苏格拉底、尼基阿斯和拉刻斯啊，我和我这个年纪的人都不再同年轻人相熟识了，因为，由于年纪的原因我们多半在家里打发时间。］

《吕西斯》(204a2-3)：Παλαίστρα, ἔφη, νεωστὶ ᾠκοδομημένη· ἡ δὲ διατριβὴ τὰ πολλὰ ἐν λόγοις, ὧν ἡδέως ἄν σοι μεταδιδοῖμεν.［一所摔跤学校，他说道，它刚刚被建成。而消遣多半是进行讨论，我们会乐意与你分享它们。］

《斐洞》(59d6-7)：ἐπειδὴ δὲ ἀνοιχθείη, εἰσῇμεν παρὰ τὸν Σωκράτη καὶ τὰ πολλὰ διημερεύομεν μετ᾽ αὐτοῦ.［但只要它一开门，我们就进去到苏格拉底那儿，并通常同他一起度过一整天。］

《泰阿泰德》(144a6-b1)：οἵ τε ὀξεῖς ὥσπερ οὗτος καὶ ἀγχίνοι καὶ μνήμονες ὡς τὰ πολλὰ καὶ πρὸς τὰς ὀργὰς ὀξύρροποί εἰσι, καὶ ᾄττοντες φέρονται ὥσπερ τὰ ἀνερμάτιστα πλοῖα, καὶ μανικώτεροι ἢ ἀνδρειότεροι φύονται.［像这个人那样敏锐、机灵且记性好的那些人，多半是非常容易冲动的，猛冲乱窜，就像没有压舱物的船那样，他们也生来就比较放肆，而不是比较勇敢。］

41 ἰδιωτῶν καὶ δημιουργῶν［那些一无所长的人和各种匠人］，也可以译为"那些外行和各种匠人""那些普通人和各行各业有技艺的人"。

ἰδιώτης［一无所长的人／普通人］是由形容词 ἴδιος［自己的／个人的］派生而来的名词，但意思比较丰富。除了泛指"普通人"和"平民"之外，如果同 στρατηγός［将军］相对则表"士兵"，同 πόλις［城邦］相对则指"个人"；这里基于文义，将之译为"一无所长的人"。参见《智者》(221c8-9)：Καὶ μὴν ἐκεῖνό γ᾽ ἦν τὸ ζήτημα πρῶτον, πότερον ἰδιώτην ἤ τινα τέχνην ἔχοντα θετέον εἶναι τὸν ἀσπαλιευτήν.［而且那的确曾是首先的探寻，即必须把垂钓者确定为是一个一无所长的人呢，还是一个具有某种技艺的人。］

δημιουργός［匠人／工匠］，由 δῆμος［民众］和 ἔργον［劳作］构成，意思是"为众人做工的人"。

42 περὶ τῶν οὐρανίων παθημάτων［关于天上所发生的各种事情］，也可以简单译为"关于天上的各种情状"。参见《斐洞》(96b8-c2)：καὶ αὖ τούτων τὰς

φθορὰς σκοπῶν, καὶ τὰ περὶ τὸν οὐρανόν τε καὶ τὴν γῆν πάθη, τελευτῶν οὕτως ἐμαυτῷ ἔδοξα πρὸς ταύτην τὴν σκέψιν ἀφυὴς εἶναι ὡς οὐδὲν χρῆμα.［我也进而思考这些东西的毁灭，以及关于天和地的各种情状，到最后我认为自己对于这种考察是完全没有天分的，一文不值。］（98a2-6）：καὶ δὴ καὶ περὶ ἡλίου οὕτω παρεσκευάσμην ὡσαύτως πευσόμενος, καὶ σελήνης καὶ τῶν ἄλλων ἄστρων, τάχους τε πέρι πρὸς ἄλληλα καὶ τροπῶν καὶ τῶν ἄλλων παθημάτων, πῇ ποτε ταῦτ' ἄμεινόν ἐστιν ἕκαστον καὶ ποιεῖν καὶ πάσχειν ἃ πάσχει.［而且关于太阳我也准备以同样的方式去了解，还有月亮和其它的星辰，了解它们的相对速度、回归以及其他的各种情状，为何各自做〈其所做的〉和遭受其所遭受的，这对它们每个来说会是更好的。］

43 ἐν Ἅιδου［冥府］，由于 ᾍδης［哈德斯］在这儿用的是属格，所以当省掉了 δόμος［家］一词，补全当为 ἐν Ἅιδου δόμῳ［在哈德斯的家里］，故译为“冥府”。冥王 ᾍδης 由褫夺性的前缀 ἀ 和动词 ἰδεῖν［看］构成，本意为“不可见”。参见《苏格拉底的申辩》（29b4-7）：καὶ εἰ δή τῳ σοφώτερός του φαίην εἶναι, τούτῳ ἄν, ὅτι οὐκ εἰδὼς ἱκανῶς περὶ τῶν ἐν Ἅιδου οὕτω καὶ οἴομαι οὐκ εἰδέναι· τὸ δὲ ἀδικεῖν καὶ ἀπειθεῖν τῷ βελτίονι καὶ θεῷ καὶ ἀνθρώπῳ, ὅτι κακὸν καὶ αἰσχρόν ἐστιν οἶδα.［并且如果我真要说在某方面比某人更为智慧，那就会在于下面这点：既然我不足以知道冥府里的那些事情，因此我就认为我不知道；但行不义以及不服从更好者——无论是神还是人——，我知道那是恶的和可耻的。］

44 Τί μήν;［那是怎么回事？］也可以译为“为什么没有呢？”或者“难道还有别的？”

45 ὦ φίλη κεφαλὴ Ἴων［亲爱的人，伊翁啊］，当然也可以按字面译为“伊翁，你这可爱的脑袋瓜啊”。φίλη κεφαλή［亲爱的人］是固定表达，等于拉丁文的 carum caput；κεφαλή 本意是头，鉴于头是身体最重要的部分，故常用来代指整个人。参见《斐德若》（264a7-8）：ἢ οὐδὲν εἶπον, Φαῖδρε, φίλη κεφαλή;［或者我在胡说八道，斐德若，你这可爱的脑袋瓜？］

46 ἐν κεφαλαίῳ［总而言之］是词组。

47 οὔτε προσέχω τὸν νοῦν［我集中不了注意力］。动词 προσέχω 的基本意思是“带给”“献上”，同名词 νόος［理智 / 努斯］构成词组，προσέχω τὸν νοῦν 的字面意思是“把思想转向……”“把注意力集中到……”，喻为“留意”“注意”“当心”。而另一固定搭配 ἔχω νοῦν，意思则是“有头脑”“清醒”。

48 ὁτιοῦν συμβαλέσθαι λόγου ἄξιον［有任何值得一提的话要说］，也可以译为“贡献任何值得一说的意见”。συμβαλέσθαι 是动词 συμβάλλω 的一次性过去时不定式中动态；συμβάλλω 的本意是“抛到一起”，其中动态则具有“贡献”的意思，如 λόγον συμβαλέσθαι περὶ βίου［贡献关于生活的一种意见］。συμβαλέσθαι τι 在这里是固定表达，意思是“有话要说”；《牛津希-英词典》举了柏拉图在这里的这个表达，对它的解释是：to have something to say。

λόγου ἄξιον［值得一提 / 值得一说］是一个整体，形容词 ἄξιος［有价值的 / 值得……的］要求属格。短语 λόγου ἄξιος 等于形容词 ἀξιόλογος，而 ἀξιόλογος 的基本意思是“值得一提的”“值得注意的”，转义为“卓越的”“重要的”等。

49 ἀτεχνῶς［完完全全］。ἀτεχνῶς 是由形容词 ἀτεχνής［无技艺的］派生而来的副词，本意是“完完全全地”“真正地”，如 ἀτεχνῶς ξένως ἔχω［我完完全全是个异邦人］。希腊语的 ἀτεχνῶς 和 ἀτέχνως 是两个不同的副词，仅仅重音不同。前者来自形容词 ἀτεχνής，后者来自形容词 ἄτεχνος。尽管 ἀτεχνής 和 ἄτεχνος 是同义词，都是由 τέχνη［技艺］加上褫夺性的前缀 ἀ- 构成，但由前者派生出来的副词 ἀτεχνῶς 的意思是“完全地”“直截了当地”，由后者派生出来的副词 ἀτέχνως 的意思是“粗糙地”“笨拙地”“无技艺地”。当然，柏拉图在这里使用该词，有可能是有意的双关语。

50 εὐπορῶ ὅτι λέγω［我有很多话要说］，法国布德本希腊文作 εὐπορῶ ὅ τι λέγω，从布德本。动词 εὐπορέω 的本意是“有办法”“有出路”，其反面是 ἀπορέω［无路可走 / 感到困惑 / 不知所措］。εὐπορῶ ὅ τι λέγω 是固定表达，意思是“我有很多话要说”；《牛津希-英词典》举了柏拉图在这里的这个表达，对它的解释是：I have plenty to say。相应地，ἀπορῶ ὅ τι λέγω 的意思是“我没有任何话要说”“我无话可说”。

51 Οὐ χαλεπὸν τοῦτό γε εἰκάσαι［这其实一点也不难猜想］，也可以译为：“猜想这点，这无论如何都不困难。”

52 ποιητικὴ γάρ πού ἐστιν τὸ ὅλον.［因为，无论如何都有着一种作为一个整体的诗艺。］也可以译为：“因为，诗艺无论如何都是作为一个整体。”τὸ ὅλον 在这里作为副词使用，意思是“作为一个整体”“作为整体”。

53 ὁ αὐτὸς τρόπος τῆς σκέψεως ἔσται περὶ ἁπασῶν τῶν τεχνῶν［在所有的技艺那里都有着相同的考察之方式］。其中的将来时 ἔσται，在法国布德本希腊文中作现在时 ἔστι，从布德本。

54 ἰδιώτην ἄνθρωπον［一个普通人］，单就这一表达，仍然可以译为“一个一无所长的人”。

55 ἐπεὶ καί 在这里是固定搭配，意思是“比如说”“例如”。参见《拉刻斯》（183c8-d4）：ἐπεὶ καὶ τοῦτον τὸν Στησίλεων, ὃν ὑμεῖς μετ᾽ ἐμοῦ ἐν τοσούτῳ

ὄχλῳ ἐθεάσασθε ἐπιδεικνύμενον καὶ τὰ μεγάλα περὶ αὑτοῦ λέγοντα ἃ ἔλεγεν, ἑτέρωθι ἐγὼ κάλλιον ἐθεασάμην ἐν τῇ ἀληθείᾳ ὡς ἀληθῶς ἐπιδεικνύμενον οὐχ ἑκόντα. [比如说这位斯忒西勒俄斯——你们和我一起观看了他在如此的大庭广众之下展示他自己，并且也听到了他就他自己夸海口所说的那些话——，我曾在别处更美地看到过他非常真实地、真真切切地展示他自己，尽管那非他所愿。]

56 阿格劳丰的儿子波吕格诺托斯（Πολύγνωτος τοῦ Ἀγλαοφῶντος）。波吕格诺托斯（Πολύγνωτος, Polygnotos）是公元前 5 世纪希腊最著名的画家，出生在塔索斯岛，后来成为雅典公民。阿格劳丰（Ἀγλαοφῶν, Aglaophon），生平不详。

57 οὐκ ἔχει ὅτι συμβάληται [没有任何话要说]，法国布德本希腊文作 οὐκ ἔχει ὅ τι συμβάληται，从布德本。

58 εὐπορεῖ ὅτι εἴπῃ [有很多话要说]，法国布德本希腊文作 εὐπορεῖ ὅ τι εἴπῃ，从布德本。

59 代达罗斯（Δαίδαλος, Daidalos），古希腊传说中著名的雕塑家和建筑师，技艺精湛，传说他的作品会走路。参见《欧悌弗戎》(11b9–c1)：Τοῦ ἡμετέρου προγόνου, ὦ Εὐθύφρων, ἔοικεν εἶναι Δαιδάλου τὰ ὑπὸ σοῦ λεγόμενα. [欧悌弗戎，你所说的东西似乎是我祖先代达罗斯的作品。] (15b7–c1)：Θαυμάσῃ οὖν ταῦτα λέγων ἐάν σοι οἱ λόγοι φαίνωνται μὴ μένοντες ἀλλὰ βαδίζοντες, καὶ ἐμὲ αἰτιάσῃ τὸν Δαίδαλον βαδίζοντας αὐτοὺς ποιεῖν, αὐτὸς ὢν πολύ γε τεχνικώτερος τοῦ Δαιδάλου καὶ κύκλῳ περιιόντα ποιῶν; ἢ οὐκ αἰσθάνῃ ὅτι ὁ λόγος ἡμῖν περιελθὼν πάλιν εἰς ταὐτὸν ἥκει; [那么，假如你这样说的话，这些说法就显得对你停留不下来，而是在漫游，你对此不感到吃惊吗？并且你还要指责我是使它们漫游的代达罗斯，其实你自己比代达罗斯有技艺多了，让它们兜圈子。或者你没有感觉到我们的说法绕了一圈之后再次来到了同样的地方？]

厄珀俄斯（Ἐπειός, Epeios），根据荷马的《奥德修斯》(8.493)，他在雅典娜的帮助下，建造了著名的特洛伊木马。忒俄多洛斯（Θεόδωρος, Theodoros），公元前 6 世纪著名的雕塑家。

60 ἀλλὰ μήν 是词组，相当于拉丁文的 verum enimvero [真的]。μήν 作为小品词，起加强语气的作用，意思是“真的”“无疑”，它可以同其他小词一起构成各种固定表达；例如，ἦ μήν [实实在在]，καὶ μήν [确实]，τί μήν [当然]。这里根据上下文把 ἀλλὰ μήν 译为“进而”。

61 俄吕谟波斯（Ὄλυμπος, Olympos），传说中的一位著名的吹笛手。塔密里斯（Θάμυρις, Thamyris），传说中的一位色雷斯歌手，因挑战缪斯女神而遭受惩罚。俄耳甫斯（Ὀρφεύς, Orpheus），希腊神话中著名的竖琴演奏家和歌手，据说他的歌具有非凡的神力，他曾借此前往地狱救回他的妻子。伊塔刻（Ἰθάκη, Ithake），希腊伊奥尼亚海的群岛之一，传说是奥德修斯的故乡。斐弥俄斯（Φήμιος, Phemios），传说中的一位歌手，他曾被迫为那些向奥德修斯的妻子求婚的人唱歌。

62 希腊文方括号中的 ῥαψῳδοῦ［史诗朗诵者］，伯内特认为是窜入，而法国布德本希腊文直接删除了它。

63 ἐμαυτῷ σύνοιδα［我意识到］是一个整体和固定表达。动词 σύνοιδα 的本意是“一起知道”“同样知道”，但同 ἐμαυτῷ［我自己］或 σαυτῷ［你自己］等连用，表“意识到”。参见：

《苏格拉底的申辩》（21b4–5）：ἐγὼ γὰρ δὴ οὔτε μεγα οὔτε σμικρὸν σύνοιδα ἐμαυτῷ σοφὸς ὤν.［因为我意识到，无论是在大事上还是小事上，我都不是智慧的。］

《泰阿泰德》（206a1–3）：τοὐναντίον λέγοντος ἆρ᾽ οὐ μᾶλλον ἂν ἀποδέξαιο ἐξ ὧν αὐτὸς σύνοισθα σαυτῷ ἐν τῇ τῶν γραμμάτων μαθήσει;［当一个人说相反的情形时，你岂不更为会接受，基于你在文字的学习中你自己所意识到的那些事情？］

64 见前面 532c6–7。

65 ἐν τῇ λίθῳ［在一种特殊的石头那里］。之所以这么翻译，因为名词 λίθος［石头］是阳性，作阴性时，专指特殊的石头。

66 Μαγνῆτις λίθος［马格涅西亚石］是专名，即“磁石”；该石头得名于小亚细亚西部的一个地方 Μαγνησία［马格涅西亚］。

67 ἐξ ἐκείνης τῆς λίθου ἡ δύναμις ἀνήρτηται［这种力量都有赖于那个石头］。ἀνήρτηται 是动词 ἀναρτάω 的完成时直陈式被动态第三人称单数；ἀναρτάω 的基本意思是“悬挂”“挂上”，其被动态同介词 ἐκ 连用，意思则是“依赖”“依靠”。《牛津希–英词典》举了柏拉图在这里的这个表达，对它的解释是：depend upon。

68 πάντες ... οἵ ... τῶν ἐπῶν ποιηταὶ οἱ ἀγαθοί［所有那些优秀的史诗诗人］。οἵ τῶν ἐπῶν ποιηταί［史诗诗人］，也可以译为“英雄叙事诗诗人”。ἐπῶν 在这里是名词 ἔπος 的复数属格；ἔπος 的基本意思是“字”“言辞”，但其复数指“史诗”“英雄叙事诗”，一般用六步格写成，其地位高于包括“酒神颂”在内的抒情诗。参见《斐德若》（241e1–2）：Οὐκ ᾔσθου, ὦ μακάριε, ὅτι ἤδη ἔπη φθέγγομαι ἀλλ᾽ οὐκέτι διθυράμβους, καὶ ταῦτα ψέγων;［难道你竟然没有觉察到，有福的人啊，我刚才已经在吟唱史诗，而不再只是酒神颂了吗，即使我在进行谴责？]

69 ἔνθεοι ὄντες καὶ κατεχόμενοι［由于从神那里得到灵感并且被神附体］。κατεχόμενοι 在这里是动词 κατέχω 的现在时分词中动态阳性主格复数，κατέχω 的基本意思是“抓住”“占据”“掌控”，但其中动态则具有“被神附体”的意思；《牛津希-英词典》举了柏拉图在这里的这个表达，对它的解释是：to be possessed, inspired。参见《斐德若》（244e4-245a1）：λύσιν τῷ ὀρθῶς μανέντι τε καὶ κατασχομένῳ τῶν παρόντων κακῶν εὑρομένη.［因为对于一个正确地陷入迷狂中和被神附体的人来说，它为之找到了摆脱现在的各种坏处的一种解脱之道。］

70 οἱ κορυβαντιῶντες［那些参加科儒巴斯祭仪的人］。κορυβαντιῶντες 是动词 συγκορυβαντιάω 的现在时分词主动态阳性主格复数。συγκορυβαντιάω 的本意就是“参加科儒巴斯祭仪”，《牛津希-英词典》对它的解释是：join in Corybantic revels, share in inspiration or frenzy。“科儒巴斯祭仪”是一种宗教仪式，主要是用狂欢歌舞向女神“库柏勒”（Κυβέλη, Kybele）致敬；库柏勒是代表自然界生长力量的女神，当时在小亚细亚和希腊受到人们的崇拜。

参见《克里同》（54d2-5）：Ταῦτα, ὦ φίλε ἑταῖρε Κρίτων, εὖ ἴσθι ὅτι ἐγὼ δοκῶ ἀκούειν, ὥσπερ οἱ κορυβαντιῶντες τῶν αὐλῶν δοκοῦσιν ἀκούειν, καὶ ἐν ἐμοὶ αὕτη ἡ ἠχὴ τούτων τῶν λόγων βομβεῖ καὶ ποιεῖ μὴ δύνασθαι τῶν ἄλλων ἀκούειν.［以上这些，亲爱的朋友克里同啊，你一定要清楚它们就是我似乎听到的，就像那些参加科儒巴斯祭仪的人似乎听到笛声一样；而这些话的声音就还在我〈耳边〉鸣响，并使得我不可能听到其他的。］

71 τὰ καλὰ μέλη ταῦτα［这些〈众所周知的〉优美的抒情诗］。中性名词 μέλος 除了具有“四肢”“肢”这一基本意思之外，在音乐中指“曲调”；复数则指“抒情诗”，《牛津希-英词典》对 τὰ μέλη 的解释是：lyric poetry。

72 κοῦφον γὰρ χρῆμα ποιητής ἐστιν καὶ πτηνὸν καὶ ἱερόν.［因为，多么轻盈的一种东西啊，诗人是，他既是长有羽翼的，也是属于神的。］名词 χρῆμα 的基本意思是“使用物”“钱财”，但也用来表达“奇异的、不同寻常的东西”。例如，χρῆμα καλόν τι［多么美好的东西！］σοφόν τοι χρῆμ' ἄνθρωπος［真是个聪明的家伙！］《牛津希-英词典》在解释该用法时，也举了柏拉图在这里的这个表达作为例子。

73 形容词 ἔκφρων 同前面出现过的形容词 ἔμφρων［头脑清醒的］相对，本意是“失去心智的”“头脑不清醒的”，转义为“迷狂的”“疯狂的”；《牛津希-英词典》举了柏拉图在这里的这个表达，对它的解释是：frenzied, enthusiastic。

74 θείᾳ μοίρᾳ［凭借一份神圣的定命］。名词 μοῖρα 本意指“应得的份额”“分得的一份”，转义为“定命”“命运”；μοῖρα 如果作专名 Μοῖρα，即指“命运女神”。参见《苏格拉底的申辩》(33c4–7)：ἐμοὶ δὲ τοῦτο, ὡς ἐγώ φημι, προστέτακται ὑπὸ τοῦ θεοῦ πράττειν καὶ ἐκ μαντείων καὶ ἐξ ἐνυπνίων καὶ παντὶ τρόπῳ ᾧπέρ τίς ποτε καὶ ἄλλη θεία μοῖρα ἀνθρώπῳ καὶ ὁτιοῦν προσέταξε πράττειν.［但如我所说，我是被神通过一些神谕和通过一些托梦，以及用所有其他的方式——通过它们任何其他神圣的定命曾命令一个人做某种事情——所命令而做这件事的。］

75 ταῦτα ... οὕτω πολλοῦ ἄξια［这些如此非常值得〈一听〉的东西］是一个整体。πολλοῦ ἄξιον［非常值得 / 所值甚多］是固定搭配，往往同不定式连用。

76 Τύννιχος ὁ Χαλκιδεύς［卡尔喀斯人提尼科斯］。卡尔喀斯（Χαλκίς, Chalkis）是希腊东部优卑亚岛（Εὔβοια, Euboia）上的一个城市。提尼科斯（Τύννιχος, Tynnichos）生平不详，在历史上仅被珀尔菲琉斯（Πορφύριος, Porphyrios）在其《论自制》(*De abstinentia*, 2. 18. 8）中提及过。

77 σχεδόν τι［差不多］是词组。不定代词 τις / τι 常同形容词或副词连用，表示不那么确定，一般表弱化，也可以表加强。

78 ἐν τούτῳ［在这个人那儿］。如果把 ἐν τούτῳ 视为词组，则可以译为“在那种情况下”；《牛津希–英词典》对 ἐν τούτῳ 的解释是：in that case。

79 ἔχε δή［现在请停一下！］是词组，也可以简单译为“请打住！”ἔχε 是动词 ἔχω［有］的现在时主动态命令式第二人称单数，《牛津希–英词典》对 ἔχε δή 的解释是 stay now。参见《拉刻斯》(198b2–4)：Ἔχε δή. ταῦτα μὲν γὰρ ὁμολογοῦμεν, περὶ δὲ τῶν δεινῶν καὶ θαρραλέων σκεψώμεθα, ὅπως μὴ σὺ μὲν ἄλλ’ἄττα ἡγῇ, ἡμεῖς δὲ ἄλλα.［现在请停一下！因为，一方面，我们都同意这些；另一方面，让我们对那些可怕的事情和可以去冒险的事情进行考察，免得你认为它们是一回事，而我们认为它们是另一回事。］

80 μὴ ἀποκρύψῃ［请你不要隐瞒］。ἀποκρύψῃ 是动词 ἀποκρύπτω［隐藏 / 隐瞒］的将来时直陈式中动态第二人称单数，在这里作命令式理解。参见《吕西斯》(211a6–7)：Καὶ ἐγὼ εἶπον, Ταῦτα μὲν σὺ αὐτῷ ἐρεῖς, ὦ Λύσι· πάντως γὰρ προσεῖχες τὸν νοῦν.［而我说道，请你自己对他说这些吧，吕西斯啊；因为你刚才非常集中注意力。］

81 普里阿摩斯（Πρίαμος, Priamos）是特洛伊国王，赫克托尔的父亲；赫卡柏（Ἑκάβη, Hekabe）是普里阿摩斯的妻子，赫克托尔的母亲；安德洛玛刻（Ἀνδρομάχη, Andromache）是赫克托尔的妻子。

82 ἔξω σαυτοῦ［出离了你自己］，也可以转译为“失去了理智”，可视为等于 ἔξω φρενῶν［失去理智］。

83 这里的这番话，可对观《苏格拉底的申辩》(22b8–c3)：ἔγνων οὖν αὖ καὶ περὶ τῶν ποιητῶν ἐν ὀλίγῳ τοῦτο, ὅτι οὐ σοφίᾳ ποιοῖεν ἃ ποιοῖεν, ἀλλὰ φύσει τινὶ καὶ ἐνθουσιάζοντες ὥσπερ οἱ θεομάντεις καὶ οἱ χρησμῳδοί· καὶ γὰρ οὗτοι λέγουσι μὲν πολλὰ καὶ καλά, ἴσασιν δὲ οὐδὲν ὧν λέγουσι. [因此，关于诗人我不久就再次认识到了这点，那就是他们创作出他们所创作的那些东西，不是靠智慧，而是像那些被神所感召的人和预言者一样，靠某种自然以及通过从神那里得到灵感；因为这些人诚然说了许多美好的话，但对于他们所说的，其实一无所知。]

《斐德若》(245a1–8)：τρίτη δὲ ἀπὸ Μουσῶν κατοκωχή τε καὶ μανία, λαβοῦσα ἁπαλὴν καὶ ἄβατον ψυχήν, ἐγείρουσα καὶ ἐκβακχεύουσα κατά τε ᾠδὰς καὶ κατὰ τὴν ἄλλην ποίησιν, μυρία τῶν παλαιῶν ἔργα κοσμοῦσα τοὺς ἐπιγιγνομένους παιδεύει· ὃς δ᾽ ἂν ἄνευ μανίας Μουσῶν ἐπὶ ποιητικὰς θύρας ἀφίκηται, πεισθεὶς ὡς ἄρα ἐκ τέχνης ἱκανὸς ποιητὴς ἐσόμενος, ἀτελὴς αὐτός τε καὶ ἡ ποίησις ὑπὸ τῆς τῶν μαινομένων ἡ τοῦ σωφρονοῦντος ἠφανίσθη. [而第三种，则是由缪斯们而来的灵感和迷狂，一旦它抓住一个柔软且贞洁的灵魂，它就会激发它，并凭借各种歌声以及用其他的诗作使之发酒神信徒的癫狂，它通过装饰古人们的无数功业来教育子孙后代；但是，任何一个缺乏由缪斯们而来的迷狂就来到诗艺的大门前的人，如果他竟然相信仅仅基于一种技艺他就将是一位出色的诗人，那么，无论是他本人还是他的诗，都将是不成功的，并且作为一个清醒者，他的诗被那些迷狂者们的诗掩盖了光芒。]

84 ὥς γε τἀληθὲς εἰρῆσθαι [如果真相必须被说出来的话]，εἰρῆσθαι 是动词 εἰρέω [说] 的现在时不定式被动态。ὥς 同不定式连用，表达一种限制，如 ὡς μὲν ἐμοὶ δοκέειν [据我看来]，ὡς ἔπος εἰπεῖν [几乎可以说 / 一言以蔽之]。

85 καὶ μάλα 是一个整体；καί 在这里不是并列连词，而是加强语气，副词 μάλα 的意思就是"很""极其"，这里整体地把 καὶ μάλα 译为"相当"。

86 δεῖ γάρ με καὶ σφόδρ᾽ αὐτοῖς τὸν νοῦν προσέχειν [因为我的确必须得把注意力完全放在他们身上]，也可以简单译为"因为我的确必须得非常重视它们"。

87 ἀνακρεμαννὺς ἐξ ἀλλήλων τὴν δύναμιν [因为他使得一个的力量有赖于另一个的力量]，也可以简单译为"因为他使得力量互相依赖"。

88 ἐκ πλαγίου ἐξηρτημένων [他们斜挂在]，完整的字面意思是"他们从侧面被悬挂起来"。ἐκ πλαγίου 是一个整体和词组，意思是"从侧面"，与副词 καταντικρύ [正对面] 相对。之所以这么说，因为垂直悬挂起来的一串，从上到下是前面提到的"神""诗人""朗诵史诗的人和演员"以及"观众"。

89 缪斯是宙斯和记忆女神谟涅摩绪涅（Μνημοσύνη, Mvemosyne）所生的女儿，一共有九位，分别是：历史女神克雷俄（Κλειώ, Kleio），抒情诗女神欧忒耳珀（Εὐτέρπη, Euterpe），喜剧女神塔利亚（Θάλεια, Thaleia），悲剧女神墨尔波墨涅（Μελπομένη, Melpomene），歌舞女神忒耳普西科拉（Τερψιχόρη, Terpsichore），爱情诗女神厄剌托（Ἐρατώ, Erato），颂神歌女神波吕谟尼亚（Πολύμνια, Polymnia），天文女神乌剌尼亚（Οὐρανία, Ourania），以及史诗女神卡利俄珀（Καλλιόπη, Kalliope）。

90 ἐστι παραπλήσιον［这是非常贴切的］，字面意思是“这是非常接近的”“这是非常近似的”。

91 ἄλλοι ἐξ ἄλλου αὖ ἠρτημένοι εἰσὶ καὶ ἐνθουσιάζουσιν.［一些人复又依赖这个诗人，另一些人则依赖那个诗人。］ἄλλος 经常同它自己以及由它派生而来的词连用，例如：ἄλλος ἄλλα λέγει［一个人说这件事，另一个人说那件事。］ἄλλος ἄλλῃ φέρεται［各奔东西 / 不同的人前往不同的地方］，ἄλλος ἄλλοθεν［有的人从这里，有的人从那里 / 不同的人从不同的地方］。

ἠρτημένοι εἰσί［依赖］是一个整体。ἠρτημένοι 是动词 ἀρτάω［挂］的完成时分词被动态阳性主格复数；εἰμί 的各种形式与动词的完成时分词连用，构成一种委婉或迂回的表达。参见：

《卡尔米德斯》（153d3-5）：περί τε τῶν νέων, εἴ τινες ἐν αὐτοῖς διαφέροντες ἢ σοφίᾳ ἢ κάλλει ἢ ἀμφοτέροις ἐγγεγονότες εἶεν.［关于年轻人，是否在他们中间已经出现了一些人，他们或者凭借智慧，或者由于俊美，或者在这两方面都出类拔萃。］

《拉刻斯》（185b3-4）：ἆρ’ οὐχ ὁ μαθὼν καὶ ἐπιτηδεύσας, ᾧ καὶ διδάσκαλοι ἀγαθοὶ γεγονότες ἦσαν αὐτοῦ τούτου;［难道不是已经学习并从事过〈它〉、并且恰恰在这方面的一些优秀者已经成为了其老师的那个人吗？］

《政制》（492a5-7）：ἢ καὶ σὺ ἡγῇ, ὥσπερ οἱ πολλοί, διαφθειρομένους τινὰς εἶναι ὑπὸ σοφιστῶν νέους.［或者就像众人一样，你也认为一些年轻人已经被智者们给败坏了。］

《斐德若》（262d2-5）：καὶ ἔγωγε, ὦ Φαῖδρε, αἰτιῶμαι τοὺς ἐντοπίους θεούς· ἴσως δὲ καὶ οἱ τῶν Μουσῶν προφῆται οἱ ὑπὲρ κεφαλῆς ᾠδοὶ ἐπιπεπνευκότες ἂν ἡμῖν εἶεν τοῦτο τὸ γέρας.［至于我，斐德若啊，我肯定会将之归因于本地的一些神；但也许还有缪斯们的一些代言人——即头顶上的那些歌唱者——，它们或许已经把这奖品吹拂给了我们。］

《政治家》（257a6-8）：οὕτω τοῦτο, ὦ φίλε Θεόδωρε, φήσομεν ἀκηκοότες εἶναι τοῦ περὶ λογισμοὺς καὶ τὰ γεωμετρικὰ κρατίστου;［那么，亲爱的忒俄多洛斯，我们会说我们已经如此这般地从在各种计算方面和在几何学的各种事情

方面最卓越的人那儿听说了这点吗？]

《菲勒玻斯》(66c9–10)：ἀτὰρ κινδυνεύει καὶ ὁ ἡμέτερος λόγος ἐν ἕκτῃ καταπεπαυμένος εἶναι κρίσει.[然而，这点也是有可能的，即我们的谈话已经结束在了第六个剖判那里。]

92 穆塞俄斯（Μουσαῖος, Mousaios），传说中的吟游诗人。参见《苏格拉底的申辩》(41a6–8)：ἢ αὖ Ὀρφεῖ συγγενέσθαι καὶ Μουσαίῳ καὶ Ἡσιόδῳ καὶ Ὁμήρῳ ἐπὶ πόσῳ ἄν τις δέξαιτ' ἂν ὑμῶν; ἐγὼ μὲν γὰρ πολλάκις ἐθέλω τεθνάναι εἰ ταῦτ' ἔστιν ἀληθῆ.[还有，你们中任何人都得付出多少代价才会获得机会同俄耳甫斯、穆塞俄斯、赫西俄德和荷马在一起？如果这些是真的，那我倒愿意经常去死。]

93 θείᾳ μοίρᾳ καὶ κατοκωχῇ[凭借一份神圣的定命和迷狂]，也可以译为"凭借一份神圣的定命和附体"或"凭借一份神圣的定命和感召"。名词 κατοκωχή[着魔 / 感召 / 灵感]派生自动词 κατέχω[占据 / 掌控]。参见《斐德若》(245a1–5)：τρίτη δὲ ἀπὸ Μουσῶν κατοκωχή τε καὶ μανία, λαβοῦσα ἁπαλὴν καὶ ἄβατον ψυχήν, ἐγείρουσα καὶ ἐκβακχεύουσα κατά τε ᾠδὰς καὶ κατὰ τὴν ἄλλην ποίησιν, μυρία τῶν παλαιῶν ἔργα κοσμοῦσα τοὺς ἐπιγιγνομένους παιδεύει.[而第三种，则是由缪斯们而来的灵感和迷狂，一旦它抓住一个柔软且贞洁的灵魂，它就会激发它，并凭借各种歌声以及用其他的诗作使之发酒神信徒的癫狂，它通过装饰古人们的无数功业来教育子孙后代。]

94 ἐκείνου μόνου αἰσθάνονται τοῦ μέλους ὀξέως[他们仅仅敏锐地感觉到那种歌曲]。动词 αἰσθάνομαι 作"感觉到""觉察到"理解时，要求属格作宾语，所以这里出现的是单数属格 ἐκείνου ... τοῦ μέλους[那种歌曲]。

95 σχημάτων καὶ ῥημάτων εὐποροῦσι[他们有着丰富的舞蹈姿态和语言]。动词 εὐπορέω 除了具有"有办法""有能力"等意思之外，还具有"富有""充满"等意思，并且要求属格作宾语，所以这里出现的是复数属格 σχημάτων καὶ ῥημάτων[舞蹈姿态和话语]。《牛津希-英词典》举了柏拉图在这里的这个表达，对之的解释是：have plenty of, abound in。参见《智者》(267d4–8)：Πόθεν οὖν ὄνομα ἑκατέρῳ τις αὐτῶν λήψεται πρέπον; ἢ δῆλον δὴ χαλεπὸν ὄν, διότι τῆς τῶν γενῶν κατ' εἴδη διαιρέσεως παλαιά τις, ὡς ἔοικεν, ἀργία τοῖς ἔμπροσθεν καὶ ἀσύννους παρῆν, ὥστε μηδ' ἐπιχειρεῖν μηδένα διαιρεῖσθαι· καθὸ δὴ τῶν ὀνομάτων ἀνάγκη μὴ σφόδρα εὐπορεῖν.[那么，一个人将从何处为他俩中的每一个取来合适的名称呢？或者，这显然是困难的，因为，就按照诸形式而来的家族之划分，如看起来的那样，在以前的那些人那里曾有着一个古老的且考虑不周的懒散，以至于无人尝试过进行一种划分；因此，必然不会有着极其丰富的名称。]

96 τῶν δὲ ἄλλων οὐ φροντίζουσιν.[至于其他的歌曲，他们则不把它们当一回事。]φροντίζω 的基本意思是“思考”“审慎”，跟属格则指“把……放在心上”“对某事加以注意”。参见《吕西斯》(223a5–b3)：τὸ μὲν οὖν πρῶτον καὶ ἡμεῖς καὶ οἱ περιεστῶτες αὐτοὺς ἀπηλαύνομεν· ἐπειδὴ δὲ οὐδὲν ἐφρόντιζον ἡμῶν, ἀλλ' ὑποβαρβαρίζοντες ἠγανάκτουν τε καὶ οὐδὲν ἧττον ἐκάλουν, ἀλλ' ἐδόκουν ἡμῖν ὑποπεπωκότες ἐν τοῖς Ἑρμαίοις ἄποροι εἶναι προσφέρεσθαι, ἡττηθέντες οὖν αὐτῶν διελύσαμεν τὴν συνουσίαν.[于是，最初虽然我们以及那些围着我们的人试图驱赶他们，但由于他们根本就不把我们当一回事，而是说着蹩脚的希腊话，一边对我们发怒，一边依旧叫喊他俩；而在我们看来，由于他们在赫尔墨斯节上也喝了一点酒，因而他们是难以对付的，于是我们只好向他们屈服而终止了聚会。]

97 见前面 532b8 以下。

98 εὖ ἴσθι[你得清楚]，也可以转译为“确定的是”，字面意思是“请你好好地知道”“请你看清”。ἴσθι 是动词 οἶδα[知道 / 看见]的完成时命令式主动态第二人称单数。参见：

《卡尔米德斯》(157d6–8)：Εὖ τοίνυν ἴσθι, ἔφη, ὅτι πάνυ πολὺ δοκεῖ σωφρονέστατος εἶναι τῶν νυνί, καὶ τἆλλα πάντα, εἰς ὅσον ἡλικίας ἥκει, οὐδενὸς χείρων ὤν.[那么你得弄清楚，他说，他似乎在当今的这些〈年轻人〉中是最最自制的，并且在其他所有方面，就〈其〉年龄已经抵达的那个点来说，他也不比其他任何人差。]

《拉刻斯》(181b7–c1)：εὖ οὖν ἴσθι ὅτι ἐγὼ ταῦτα ἀκούων χαίρω ὅτι εὐδοκιμεῖς, καὶ σὺ δὲ ἡγοῦ με ἐν τοῖς εὐνούστατόν σοι εἶναι.[因此，你得清楚，当我听到这些后，我很高兴，因为你有着好的名声；并且也请你一定要把我算在那些对你怀有最好的心意的人中。]

99 περὶ οὐδενὸς ὅτου οὔ[关于每件事〈我都讲得好〉]。补全的字面意思是“对之〈我讲得〉不〈好〉的东西是没有的”。

100 τυγχάνεις οὐκ εἰδώς[你碰巧不知道]。εἰδώς 是动词 οἶδα 的完成时分词主动态阳性主格单数；动词 τυγχάνω 常作助动词使用，与分词连用，意思是“碰巧……”“恰好……”。

101 φράζω 尽管后来也具有“说”的意思，但它不同于单纯的“说”(λέγω)，而是进行“说明”“解释”。

102 涅斯托耳(Νέστωρ, Nestor)，攻打特洛伊的希腊著名的老将。

103 帕特洛克罗斯(Πάτροκλος, Patroklos)，阿喀琉斯的挚友，死于赫克托尔手下；他战死后，阿喀琉斯为他举办了马车比赛。参见荷马《伊利亚特》(23. 335-340)。

104 ἐυξέστῳ ἐνὶ δίφρῳ [在那张刨得很光滑的车板上]。δίφρος [车板]，作战时，可容纳御者和战士两人站立。

105 ἐπ' ἀριστερὰ τοῖιν [向两匹马的左边]。τοῖιν 在这里是定冠词阳性与格双数，指拖拉战车的“两匹马”。

106 εἶξαί τέ οἱ ἡνία χερσίν [并对它松开手上的缰绳]。οἱ 在这里不是定冠词，而是第三人称代词的单数与格，也拼作 οἷ；等于 αὐτῷ 和 αὐτῇ，意思是“对他/她/它”或“对他自己/她自己/它自己”。参见：

《卡尔米德斯》(159b1-5)：Καὶ ὃς τὸ μὲν πρῶτον ὤκνει τε καὶ οὐ πάνυ ἤθελεν ἀποκρίνασθαι· ἔπειτα μέντοι εἶπεν ὅτι οἱ δοκοῖ σωφροσύνη εἶναι τὸ κοσμίως πάντα πράττειν καὶ ἡσυχῇ, ἔν τε ταῖς ὁδοῖς βαδίζειν καὶ διαλέγεσθαι, καὶ τὰ ἄλλα πάντα ὡσαύτως ποιεῖν. [而他首先有些迟疑，并且完全不愿意进行回答；然而，此后他还是说道，在他看来，自制就是规规矩矩地和沉着冷静地做一切事情，无论是在路上行走，还是进行交谈，以及以同样的方式做其他每件事情。]

《斐洞》(117e4-5)：ὁ δὲ περιελθών, ἐπειδή οἱ βαρύνεσθαι ἔφη τὰ σκέλη, κατεκλίνη ὕπτιος. [而他来回走动着，当他说他的两腿发沉时，就仰面躺下。]

《斐德若》(228a6-b1)：εὖ οἶδα ὅτι Λυσίου λόγον ἀκούων ἐκεῖνος οὐ μόνον ἅπαξ ἤκουσεν, ἀλλὰ πολλάκις ἐπαναλαμβάνων ἐκέλευέν οἱ λέγειν, ὁ δὲ ἐπείθετο προθύμως. [我很清楚，〈斐德若〉那人，当他听吕西阿斯的讲辞时，他不只是听了一遍，而是多次反反复复地要求〈吕西阿斯〉对他朗读〈它〉，而吕西阿斯则热情地服从。]

107 ἐν νύσσῃ [在终点竖立的石柱那里]。根据比赛规则，马车要从右边绕过该石柱，从左边跑回起点。

108 λίθου δ' ἀλέασθαι ἐπαυρεῖν [但要避免碰到石头]。ἐπαυρεῖν 是动词 ἐπαυρέω 的现在时不定式主动态，ἐπαυρέω 的基本意思是“分享”“享有”，但跟属格的意思则是“碰到”“接触”“擦挂”。《牛津希-英词典》举了这个表达，对 ἀλέασθαι ἐπαυρεῖν 的解释是：take care not to touch。

109 οἵᾳ τε εἶναι γιγνώσκειν [它能够认识]。οἷός τ' εἶναι 是固定用法，意思是“能够”“有能力”“是可能的”，接不定式，所以这里出现的是不定式 γιγνώσκειν [认识]。这里 οἷός 之所以用阴性与格单数 οἵῳ，是同前面的阴性与格单数 ἑκάστῃ [每一门] 保持一致。

110 πρότερον τούτου [在这之前] 是一个整体和固定表达，也可以简单译为“首先”；形容词中性 πρότερον 在这里作副词使用。

111 τὴν μὲν ἑτέραν φῂς εἶναί τινα τέχνην, τὴν δ' ἑτέραν;［你主张这门技艺是这样的，那门技艺是那样的吗？］当然可以简单意译为“你主张技艺与技艺之间是有区别的吗？”或“你主张技艺彼此是不同的吗？”τὸ μὲν ἕτερον, τὸ δὲ ἕτερον 结构是一种固定表达，意思是“它们是不同的”；《牛津希–英词典》对之的解释是：they are different。

112 οὕτω καλῶ τὴν μὲν ἄλλην, τὴν δὲ ἄλλην τέχνην.［由此我就把这门技艺称作这样的技艺，把那门技艺称作那样的技艺。］有意按字面意思翻译，背后的意思是“只要有着两门不同的知识，相应地也就有着两门不同的技艺。”

113 γάρ που 是短语，意思是“我想”“我猜”；《牛津希–英词典》对之的解释是：for I suppose。

114 τί ἂν τὴν μὲν ἑτέραν φαῖμεν εἶναι, τὴν δ' ἑτέραν.［我们为何还要主张这门技艺是这样，那门技艺是那样。］基于文义，可以简单译为：“我们为何还要主张其中涉及两门不同的技艺。”

115 ὁπότε γε［既然］是词组。关系连词 ὁπότε 的基本意思是“当……时”“任何时候”，但 ὁπότε γε 的意思是“既然”“因为”，引导原因从句；《牛津希–英词典》对它的解释是：because, since。参见《拉刻斯》(196d4–6)：Τοῦτο δὲ οὐ παντὸς δὴ εἶναι ἀνδρὸς γνῶναι, ὁπότε γε μήτε ἰατρὸς μήτε μάντις αὐτὸ γνώσεται μηδὲ ἀνδρεῖος ἔσται, ἐὰν μὴ αὐτὴν ταύτην τὴν ἐπιστήμην προσλάβῃ.［但是，认识这点，这毕竟不是每个人的事情，既然无论是一个医生，还是一位预言者，都将不会认识它，甚至也都将不会是勇敢的，除非他此外还恰恰取得了这种知识。］

116 ταὐτὰ εἴη εἰδέναι［能够知道同样的事情］。εἴη 是 εἰμί 的现在时祈愿式第三人称单数，εἰδέναι 是动词 οἶδα［知道］的不定式。εἰμί 作无人称动词使用，跟不定式表“能够……”“可能……”。

117 Ἑκαμήδη ἡ Νέστορος παλλακή［涅斯托耳的情妇赫卡墨得］，似乎也可以译为“涅斯托耳的女仆赫卡墨得”。赫卡墨得（Ἑκαμήδη, Hekamede）是阿里西诺俄斯（Ἀρσίνοος, Arsinoos）的女儿，其母邦忒涅多斯（Τένεδος, Tenedos）陷落后，作为俘虏献给了涅斯托耳。

118 κυκεών［乳酒］是一种混合饮料，包含乳酪、大麦粉、蜂蜜和葡萄酒等。

119 马卡翁（Μαχάων, Machaon）是名医阿斯克勒庇俄斯（Ἀσκληπιός, Asklepios）的儿子，参加攻打特洛伊的希腊军中的医生；他被特洛伊王子帕里斯（Πάρις, Paris）所伤，后被涅斯托耳所救。

120 普剌谟涅酒（Πράμνειος οἶνος）。普剌谟涅（Πράμνη）是小亚细亚西海岸

（Ἴκαρος, Ikaros）岛上的一座山，所生产的葡萄酒非常有名。

121 παρά［在旁边］，在这里是副词，而不是介词。

122 参见荷马《伊利亚特》(11. 630, 639–640)。这里的这几句话同原文的顺序有出入，最后一句话 παρὰ δὲ κρόμυον ποτῷ ὄψον［在旁边，洋葱作为下酒的菜肴］出现在原文的 11. 630。

123 即诸神的使者彩虹女神伊里斯（Ἶρις, Iris），宙斯让她到海里向阿喀琉斯的母亲忒提丝（Θέτις, Thetis）报信。

124 ἀγραύλοιο βοὸς κέρας［一头野牛的一只犄角］。ἀγραύλοιο βοός［一头野牛的］是一个整体；ἀγραύλοιο 是形容词 ἄγραυλος 的阳性属格单数，ἄγραυλος 的本意是"住在野外的"。

125 参见荷马《伊利亚特》(24. 80–82)。与原文有出入：ἵκανεν［来到］在原文中作 ὄρουσεν［冲向］，ἐμμεμαυῖα［急切地］作 ἐμβεβαυῖα［被固定在了］，μετ' ἰχθύσι［在那些鱼中间］作 ἐπ' ἰχθύσι［给那些鱼］，πῆμα［厄运］作 κῆρα［死亡］。如果完全按《伊利亚特》的原文翻译，则当译为：

> 她就像一枚铅锤冲向海底，
> 它固定在一头野牛的一只犄角上，
> 前去给那些吃生肉的鱼带来死亡。

126 σοῦ ἐρομένου, εἰ ἔροιό με［当你问，假如你问我］，也可以译为"如果你问我，假如你会问的话"，这是一种递进修辞。

127 προσήκει ἑκάστῃ［适合于每一门技艺］。动词 προσήκω 的基本意思是"来到""接近"，常作无人称动词使用，意思则是"关系到""适合于"，并往往同与格连用，所以这里出现的是单数与格 ἑκάστῃ［每一门技艺］。

128 ἴθι［来吧！］ἴθι 是动词 εἶμι［来 / 去］的现在时命令式第二人称单数。

129 墨蓝波斯（Μέλαμπος, Melampos），传说中第一位获得了预言能力的人，其后人继承了这一能力。

130 忒俄克吕墨诺斯（Θεοκλύμενος, Theoklymenos），一般认为是墨蓝波斯的孙子。

131 δαιμόνιοι 在这里是 δαιμόνιος 的呼格复数，不过在这里乃是作为一般口语表达，而不是作为同苏格拉底那著名的 δαίμων［精灵］相联系的 δαιμόνιος［精灵的 / 属于精灵的］来理解。δαιμόνιος 在口语中作呼格使用时，既可表褒义，也可表贬义。在荷马史诗中褒义指"神保佑的人"，贬义则指"神谴责的人"；在阿提卡口语中，褒义指"我的好人！"贬义则指"倒霉蛋！”“可怜的人！”

132 ἱεμένων ἔρεβόσδε ὑπὸ ζόφον［他们奔赴幽冥下面的厄瑞珀斯］。厄瑞珀斯（Ἔρεβος, Erebos）是混沌的儿子，黑夜的兄弟，指阳世与冥府之间的黑暗界。

133 参见荷马《奥德修斯》(20. 351–357)。与原文有出入：δαιμόνιοι［神谴责的家伙们］在原文中作 ἆ δειλοί［哎，可怜的家伙们］，γυῖα［肢体］作 γοῦνα［双膝］，τε πλέον［充满了］作 δὲ πλέον［充满了］。并且在第三行下面少了第 354 行：αἵματι δ' ἐρράδαται τοῖχοι καλαί τε μεσόδμαι.［而墙和漂亮的横梁洒满了鲜血。］如果完全按《奥德修斯》的原文翻译，则当译为：

> 哎，可怜的家伙们！你们为何遭受这种坏事？黑夜
> 笼罩着你们的头和脸，还有下面的双膝，
> 哀号被点燃了，脸颊满是泪水。
> 而墙和漂亮的横梁洒满了鲜血。
> 门廊充满了鬼影，而庭院也充满了它们
> 它们奔赴幽冥下面的厄瑞珀斯。太阳
> 已经从天上完全毁灭，而不幸的迷雾扩散了开来。

134 见荷马《伊利亚特》(12. 200–207)。

135 ἀπὸ ἕθεν［从自己那里］，等于 ἀπὸ ἑαυτοῦ。

136 παρὰ τοὺς ἄλλους［超出其他人〈的能力〉之外］。介词 παρά 跟宾格，有“超出”“超过”的意思，如词组 παρὰ δύναμιν［超出能力之外］。

137 ῥαψῳδὸν ἄνδρα［一个朗诵史诗的人］是一个整体。ἀνήρ［人］同另一名词连用，强调一种特殊的身份；参见《斐洞》(95b8–c4)：ἔστι δὲ δὴ τὸ κεφάλαιον ὧν ζητεῖς· ἀξιοῖς ἐπιδειχθῆναι ἡμῶν τὴν ψυχὴν ἀνώλεθρόν τε καὶ ἀθάνατον οὖσαν, εἰ φιλόσοφος ἀνὴρ μέλλων ἀποθανεῖσθαι, θαρρῶν τε καὶ ἡγούμενος ἀποθανὼν ἐκεῖ εὖ πράξειν διαφερόντως ἢ εἰ ἐν ἄλλῳ βίῳ βιοὺς ἐτελεύτα, μὴ ἀνόητόν τε καὶ ἠλίθιον θάρρος θαρρήσει.［你所寻求的东西之要点肯定是：你指望得证明我们的灵魂是不可毁灭的和不死的，如果一个热爱智慧的人——当他将要死时，他有信心并且相信他死后在那边会走运，远胜于如果他在另外的生活中过活后终了——，不会对那种无理智的和愚蠢的信心有信心的话。］

138 χειμαζομένου πλοίου［当一艘船在海上遭受风暴时］，也可以译为“当一艘船在海上蒙难时”。χειμαζομένου 在这里是动词 χειμάζω 的现在时分词被动态中

性属格单数；χειμάζω 的本意是“过冬”，喻为“遭受大难”“受到折磨”“遭受风险”“遭受风暴”等。参见：

《拉刻斯》（194c2–4）：Ἴθι δή, ὦ Νικία, ἀνδράσι φίλοις χειμαζομένοις ἐν λόγῳ καὶ ἀποροῦσιν βοήθησον, εἴ τινα ἔχεις δύναμιν. τὰμὲν γὰρ δὴ ἡμέτερα ὁρᾷς ὡς ἄπορα.［来吧！尼基阿斯啊，由于你的这些友人们在讨论中遭遇到了暴风雪，并且走投无路，请你帮助他们，如果你有某种能力的话。］

《泰阿泰德》（170a6–b1）：Οὐκοῦν, ὦ Πρωταγόρα, καὶ ἡμεῖς ἀνθρώπου, μᾶλλον δὲ πάντων ἀνθρώπων δόξας λέγομεν, καὶ φαμὲν οὐδένα ὅντινα οὐ τὰ μὲν αὑτὸν ἡγεῖσθαι τῶν ἄλλων σοφώτερον, τὰ δὲ ἄλλους ἑαυτοῦ, καὶ ἔν γε τοῖς μεγίστοις κινδύνοις, ὅταν ἐν στρατείαις ἢ νόσοις ἢ ἐν θαλάττῃ χειμάζωνται, ὥσπερ πρὸς θεοὺς ἔχειν τοὺς ἐν ἑκάστοις ἄρχοντας, σωτῆρας σφῶν προσδοκῶντας, οὐκ ἄλλῳ τῳ διαφέροντας ἢ τῷ εἰδέναι.［那么，普罗塔戈拉啊，我们岂不也在谈某个人，甚或所有人的意见，并且说：无人不认为他自己在一些事情上比其他人更智慧，而在另一些事情上其他人比他自己更智慧；以及在一些巨大的危险中，当他们在出征、疾病或大海上遭大难时，在每种情形中他们就像对待诸神一样对待那些统帅，指望〈这些人〉是他们的救星，而这些人与众不同，不是由于别的，而是由于知道。］

《菲勒玻斯》（29b1–2）：χειμαζόμεθα γὰρ ὄντως ὑπ᾽ ἀπορίας ἐν τοῖς νῦν λόγοις.［因为在现在的这些讨论中，我们就因走投无路而正真正地在风暴中遭大难。］

139 μίαν λέγεις τέχνην εἶναι τὴν ῥαψῳδικὴν καὶ τὴν στρατηγικὴν ἢ δύο;［你说史诗朗诵术和统兵术是一门技艺呢，还是两门技艺？］也可以译为：你说史诗朗诵的技艺和统兵的技艺是一呢，还是二？

140 εὖ ἴσθι［请你放心］，这是意译。见前面 536e3 那里对 εὖ ἴσθι 的注释。参见《吕西斯》（211b3–6）：Ἀλλὰ ποιήσω, ἔφη, ταῦτα, ὦ Σώκρατες, πάνυ σφόδρα, εὖ ἴσθι. ἀλλά τι ἄλλο αὐτῷ λέγε, ἵνα καὶ ἐγὼ ἀκούω, ἕως ἂν οἴκαδε ὥρα ᾖ ἀπιέναι.［那好，我将这么做，他说道，苏格拉底啊，而且是满怀热情地，请你放心！不过请你对他说点别的什么，以便我也可以听听，直至是时候回家了为止。］

141 πολλὴ χρεία εἶναι［非常需要］是一个整体，需要者用与格，被需要的东西用属格；所以这里出现的是复数与格 τοῖς Ἕλλησι［希腊人］，单数属格 ῥαψῳδοῦ［史诗朗诵者］和 στρατηγοῦ［将军］。

142 小词 γάρ 在这里不表原因。在回答质疑时，根据上下文，γάρ 表“是的”或者“不”。

143 στρατηγεῖται 是动词 στρατηγέω［当将军］的现在时直陈式被动态，意思是“被一位将军指挥”；《牛津希-英词典》举了柏拉图在这里的这个表达，对它的解释是：to be commanded by a general。

144 拉栖岱蒙人（Λακεδαιμόνιος, Lakedaimonios），即斯巴达人（Σπαρτιάτης）。

145 库奇科斯（Κύζικος, Kyzikos）是小亚细亚西海岸的一个城市。这里的这位阿波罗多洛斯（Ἀπολλόδωρος, Apollodoros），生平不详。

146 这是一种轻蔑的表达。

147 安德洛斯（Ἄνδρος, Andros），希腊爱琴海上的一个岛屿。法诺斯忒涅斯（Φανοσθένης, Phanosthenes），生平不详；色诺芬在其《希腊史》（1. 5. 18）中曾提及过此人。

148 克拉佐门奈（Κλαζομεναί, Clazomenai）是位于小亚细亚西海岸伊奥尼亚地区的一个城市。赫拉克勒得斯（Ἡρακλείδης, Heracleides），生平不详；亚里士多德在其《雅典政制》（41. 3. 6）中提到过此人。

149 ἄξιοι λόγου εἰσί［是卓越的］，字面意思是“是值得注意的”“是值得一提的”，转义为“卓越的”“重要的”等。

150 ἥδε ἡ πόλις［这里的这个城邦］，即雅典。ὅδε，ἥδε，τόδε 除了是指示代词之外，还常作表地点或时间的副词使用，但与所修饰的名词同样变格；参见：

《斐德若》（257b3-5）：ἵνα καὶ ὁ ἐραστὴς ὅδε αὐτοῦ μηκέτι ἐπαμφοτερίζῃ καθάπερ νῦν, ἀλλ' ἁπλῶς πρὸς Ἔρωτα μετὰ φιλοσόφων λόγων τὸν βίον ποιῆται.［以便在这儿的他的这位爱慕者不再像现在这样踌躇于两种意见之间，而是单纯凭借热爱智慧的言语而向着爱塑造他自己的生活。］

《智者》（216a2）：τόνδε τινὰ ξένον ἄγομεν.［我们还带来了这儿的这位客人。］

《政治家》（257c4-5）：ἀλλὰ γὰρ περὶ Θεαιτήτου τοῦδε τί χρὴ δρᾶν με;［然而就这里的这位泰阿泰德，我该为他做点什么呢？］

151 τὰς ἄλλας ἀρχὰς［一些其他的公职］。名词 ἀρχή 除了具有“本源”“开端”等意思之外，在政治上指“统治权”“长官职务”“公职”；鉴于这里使用的是复数，将之译为“公职”。参见：

参见《苏格拉底的申辩》（36b5-9）：τί ἄξιός εἰμι παθεῖν ἢ ἀποτεῖσαι, ὅτι μαθὼν ἐν τῷ βίῳ οὐχ ἡσυχίαν ἦγον, ἀλλ' ἀμελήσας ὧνπερ οἱ πολλοί, χρηματισμοῦ τε καὶ οἰκονομίας καὶ στρατηγιῶν καὶ δημηγοριῶν καὶ τῶν ἄλλων ἀρχῶν καὶ συνωμοσιῶν καὶ στάσεων τῶν ἐν τῇ πόλει γιγνομένων.［我应遭受或付出什么，就因为我一生不曾保持安静，而不关心众人〈所关心〉的，即赚钱、理家、领兵、在公民大会上发表演说和其他一些公职，以及在城邦

中出现的各种起誓结盟和拉帮结派。]

152 τὸ ἀρχαῖον 是词组，在这里作副词使用；《牛津希-英词典》对它的解释是：anciently。爱菲斯曾是雅典人的殖民地。

153 ἀλλὰ γάρ 是固定表达，意思是“的确”“当然”“但其实”。

154 πολλοῦ δεῖς ἐπιδεῖξαι［你远没有进行展示］。πολλοῦ δεῖν 是一固定表达，意味着“远不……”，其字面意思是“缺少许多”“需要许多”，跟不定式，所以这里后面出现的是动词不定式 ἐπιδεῖξαι［进行展示］。参见：

《苏格拉底的申辩》（30d5-7）：νῦν οὖν, ὦ ἄνδρες Ἀθηναῖοι, πολλοῦ δέω ἐγὼ ὑπὲρ ἐμαυτοῦ ἀπολογεῖσθαι, ὥς τις ἂν οἴοιτο, ἀλλὰ ὑπὲρ ὑμῶν.［因此现在，诸位雅典人啊，我远不是为我自己而申辩，如有人会认为的那样，而是为了你们。］（32e2-33a1）：Ἆρ' οὖν ἄν με οἴεσθε τοσάδε ἔτη διαγενέσθαι εἰ ἔπραττον τὰ δημόσια, καὶ πράττων ἀξίως ἀνδρὸς ἀγαθοῦ ἐβοήθουν τοῖς δικαίοις καὶ ὥσπερ χρὴ τοῦτο περὶ πλείστου ἐποιούμην; πολλοῦ γε δεῖ, ὦ ἄνδρες Ἀθηναῖοι· οὐδὲ γὰρ ἂν ἄλλος ἀνθρώπων οὐδείς.［因此，如果我曾从事各种公共事务，并通过以配得上一个好人的方式在从事〈各种公共事务〉时扶助各种正义的事情，并且如应当的那样，我将这当作最重大的事情，那么，你们认为我还能活这么大岁数吗？远不可能，诸位雅典人啊，其他任何人也都根本不可能。］

《吕西斯》（204e5-6）：ἐπεὶ εὖ οἶδ' ὅτι πολλοῦ δεῖς τὸ εἶδος ἀγνοεῖν τοῦ παιδός· ἱκανὸς γὰρ καὶ ἀπὸ μόνου τούτου γιγνώσκεσθαι.［其实我很清楚，你远不应不知道这孩子的模样，因为，甚至单凭这点他就足以被认出来。］

《斐德若》（243c8-d1）：πολλοῦ δ' ἂν δεῖν ἡμῖν ὁμολογεῖν ἃ ψέγομεν τὸν Ἔρωτα.［他远不可能同意我们指责厄洛斯的那些事情。］

155 普洛透斯（Πρωτεύς, Proteus）是一位老海神，他有预测能力，但经常变化外形让人捉不到他，而他只向捉到他的人进行预言。参见《欧悌弗戎》（15c11-d4）：Ἐξ ἀρχῆς ἄρα ἡμῖν πάλιν σκεπτέον τί ἐστι τὸ ὅσιον, ὡς ἐγὼ πρὶν ἂν μάθω ἑκὼν εἶναι οὐκ ἀποδειλιάσω. ἀλλὰ μή με ἀτιμάσῃς ἀλλὰ παντὶ τρόπῳ προσσχὼν τὸν νοῦν ὅτι μάλιστα νῦν εἰπὲ τὴν ἀλήθειαν· οἶσθα γὰρ εἴπερ τις ἄλλος ἀνθρώπων, καὶ οὐκ ἀφετέος εἶ ὥσπερ ὁ Πρωτεὺς πρὶν ἂν εἴπῃς.［那么我们还必须再次从头考察虔敬的东西是什么，因为在我弄明白之前，我是不会心甘情愿地当懦夫的。但你不要瞧不起我，而是要以一切方式集中注意力，现在请你尽可能地说出真相。因为如果其他某个人知道它，那你也知道它；并且就像普洛透斯那样，在你说出它之前你是不会被放走的。］

156 στρεφόμενος ἄνω καὶ κάτω［来来回回地兜圈子］，也可以译为“颠来倒去地打转”，字面意思是“上上下下地翻滚”。参见《拉刻斯》(196a7–b2)：ἐμοὶ μὲν οὖν φαίνεται Νικίας οὐκ ἐθέλειν γενναίως ὁμολογεῖν ὅτι οὐδὲν λέγει, ἀλλὰ στρέφεται ἄνω καὶ κάτω ἐπικρυπτόμενος τὴν αὑτοῦ ἀπορίαν. [所以，尼基阿斯的确对我显得不愿意高贵地承认，他在胡说，而是在来来回回地兜圈子，以便掩饰他自己的走投无路。]

类似的表达还可参见：

《高尔吉亚》(481d7–e1)：ἄνω καὶ κάτω μεταβαλλομένου [来来回回地改变主意 / 反复改变意见]。

《斐洞》(196a10–b1)：καὶ πολλάκις ἐμαυτὸν ἄνω κάτω μετέβαλλον σκοπῶν πρῶτον τὰ τοιάδε. [当我首先考虑下面这类事情时，我也曾经常来来回回地改变主意。]

157 τελευτῶν 是动词 τελευτάω [完成 / 结束] 的现在时分词，作副词使用，意思是“最后”。《牛津希–英词典》对它的解释是：at the end, at last。参见《苏格拉底的申辩》(22c9)：Τελευτῶν οὖν ἐπὶ τοὺς χειροτέχνας ᾖα. [于是，最后我前往了一些手艺人那儿。]

158 见前面 536b–d。

159 παρ' ἡμῖν [在我们眼里]，这是基于前面的动词 νομίζεσθαι ὑπὸ ἡμῶν [被我们视为] 而来的意译。

160 ὑπάρχει σοι [属于你]。动词 ὑπάρχω 除了具有“开始”的意思之外，跟与格表“属于某人”“在某人的支配下”，所以这里出现的是指示代词单数与格 σοι [你]。参见《克里同》(45b1)：σοὶ δὲ ὑπάρχει μὲν τὰ ἐμὰ χρήματα [而我的钱都属于你。]

术语索引

缩略语

［拉］拉丁文 ［德］德文 ［英］英文

adv.—副词　comp.—比较级　sup.—最高级

ἀγαθός (comp. βελτίων, ἀμείνων; sup. βέλτιστος, ἄριστος) 善的，好的，优秀的

［拉］bonus

［德］gut

［英］good

530b9, 530b10, 530c2, 531b6, 531c5, 531d10, 531d11, 531d13, 531e5, 531e6, 531e7, 532b2, 532e6, 533e6, 533e8, 535a5, 537c2, 540e8, 541a3, 541a4, 541a5, 541a6, 541a7, 541b1, 541b2, 541b4, 541b7, 541c7

ἄγραυλος 住在野外的

［拉］in agro stabulans

［德］auf dem Felde weilend

［英］dwelling in the field

538d2

ἀγριαίνω 使生气，使恼怒

［拉］irrito

［德］zornig werden

［英］make angry

540c5

ἄγω 引领，带走

［拉］duco

［德］führen, bringen

［英］lead, carry, bring

533d5, 533e1, 541d4

ἀγών (ἀγωνία) 官司，诉讼，竞赛

［拉］certamen

［德］Prozeß, Wettkampf

［英］trial, contest

530a5

ἀγωνίζομαι 竞赛，夺奖

［拉］certo, certamen ineo

［德］kämpfen

［英］contend for a prize

530a8

ἀδικέω 行不义，犯错误

[拉] injuste seu inique ago
[德] Unrecht tun, verletzen
[英] do wrong, harm, injure
535d5, 541e3, 542a6

ἄδικος (adv. ἀδίκως) 不正当的，不公正的，非正义的
[拉] injustus, iniquus
[德] ungerecht
[英] unjust, unrighteous
542a3, 542a7

ἀδυνατέω 没能力
[拉] impotens sum
[德] kraftlos oder unvermögend sein
[英] to be unable, to be impossible
532c1

ἀδύνατος 不可能的，无能力的
[拉] impotens, inops
[德] unmöglich, unvermögend
[英] impossible, unable
530c5, 532c6, 533a1, 534b7

ἀείδω 歌唱
[拉] cano
[德] singen
[英] sing
532d8, 534d7, 535a1, 535b4, 536b6

ἀετός 鹰
[拉] aquila
[德] Adler
[英] eagle
539b5

ἆθλον 奖品，奖励
[拉] praemium
[德] Preis
[英] prize
530b1

αἴγειος 山羊的
[拉] caprinus
[德] von einer Ziege stammend
[英] of a goat
538c2

αἱρέω 拿，抓，捕获，判罪，选举
[拉] capio, convinco, eligo
[德] nehmen, fangen, zu Fall bringen, wählen
[英] grasp, seize, convict, elect
541c5, 541c10, 541d3, 542a6

αἰσθάνομαι 感觉到，注意到
[拉] sentio
[德] mit den Sinnen wahrnehmen, merken
[英] perceive, apprehend by the senses
536c3

αἴτιος 有责任的
[拉] in quo caussa rei est
[德] verantwortlich
[英] responsible
532b8, 536c8

ἀκούω 听
[拉] audio
[德] hören
[英] hear
530c4, 530d6, 532d3, 532d5, 534d2, 536d7, 536d8

ἀκροάομαι 听，听从
[拉] audio
[德] zuhören
[英] listen, obey
530d9

ἄκρος 在最高处的，极端的

[拉] summus

[德] oberster, äußerster

[英] highest or farthest point

537b4

ἀλγέω 感到痛苦，感到悲伤

[拉] doleo

[德] Schmerz empfinden, leiden

[英] feel pain, grieve

539c5

ἀλέομαι 避免，躲避

[拉] effugio

[德] ausweichen, vermeiden

[英] aviod

537b5

ἀληθής (adv. ἀληθῶς) 真的

[拉] verus, rectus

[德] wahr, wirklich, echt

[英] true, real

530c7, 532a8, 532d6, 532d8, 534b3, 535a1, 535a8, 535d7, 538b1, 538e5, 539d4, 539d5, 541e1

ἁλιεύς 渔夫

[拉] piscator

[德] Fischer

[英] fisher

539e1

ἁλιευτικός 捕鱼的

[拉] piscatorius, ad piscationem pertinens

[德] Fischern gehörig

[英] of or for fishing

538d4, 538d6

ἁμαρτάνω 犯错，犯罪

[拉] pecco

[德] verfehlen, sündigen

[英] do wrong, err, sin

532b4

ἀμφότερος (adv. ἀμφοτέρως) 双方的，两边的

[拉] ambo, uterque

[德] beidseitig, beide

[英] both together, both of two

532a4, 537e4, 541b6

ἀναγκαῖος (adv. ἀναγκαίως) 必然的

[拉] necessarius

[德] notwendig

[英] necessary

530b8, 538a3, 538a4

ἀνακρεμάννυμι 挂起，挂上

[拉] suspendo

[德] aufhängen

[英] suspend

536a3

ἀναπείθω 诱劝，误导，说服

[拉] persuadeo

[德] umstimmen, verleiten

[英] seduce, mislead, persuade

536d5

ἀναρτάω 挂，悬挂

[拉] suspendo

[德] aufhängen

[英] hang to or upon

533e3

ἀναφαίνω 显示，展示

[拉] manifesto, ostendo

[德] zeigen, erscheinen

[英] show forth, make known, display

541c8

ἀνδριαντοποιία 雕塑，雕塑技艺

［拉］statuaria

［德］Bildhauerkunst

［英］the sculptor's art, statuary

533a6

ἀνδριαντοποιός 雕塑家，雕刻家

［拉］statuarius

［德］Bildhauer

［英］sculptor

533b2, 533b3

ἄνεμος 风

［拉］ventus

［德］Wind

［英］wind

539d1

ἀνήρ 男人

［拉］vir

［德］Mann

［英］man

532e3, 533b7, 539e9, 540b3, 540d1, 542a7

ἀνθρώπινος (ἀνθρωπικός) 属于人的，人的

［拉］humanus, ad homines pertinens

［德］den Menschen betreffend, menschlich

［英］belonging to man, human

534e2

ἄνθρωπος 人

［拉］homo

［德］Mensch

［英］man, mankind

530c9, 531c5, 531c7, 532e1, 533c6, 534b7, 534e3, 535d2, 535d4, 536a3, 539e5

ἀντιλέγω 反驳，反对

［拉］redarguo

［德］widerlegen

［英］speak against, contradict

533c4

ἄξιος (adv. ἀξίως) 有价值的，值……的，配得上的

［拉］dignus, aestimabilis

［德］wertvoll, würdig

［英］worthy, estimables, worthy of

530c6, 530d6, 530d7, 532c1, 534d3, 541d3, 541d5

ἀξιόω 认为适合，指望，要求

［拉］existimo, opto

［德］wert erachten, fordern

［英］think fit, deem worthy, expect, require that

534d6

ἅπας 全部，全体，每个

［拉］unusquisque, omnes ad unum

［德］ganz, jeder

［英］quite all, the whole, every one

532b7, 532c8, 532d2, 534c7, 536e2, 539e6, 539e7, 540b2

ἀποδίδωμι 归还，偿还，送出，出卖

［拉］reddo

［德］zurückgeben, ausliefern

［英］give back, return, render

537c5

ἀποδύνω (ἀποδύω) 剥夺，脱光

［拉］exuo

［德］auskleiden

[英] strip off
535d5
ἀποκρίνω 分开，选出，回答
[拉] separo, secerno, respondeo
[德] sondern, wählen, beantworten
[英] set apart, choose, give answer to, reply to
531a1, 536e1, 537d3, 538e5, 540e3
ἀποκρύπτω 隐瞒，藏起来，使模糊不清，使黯然失色
[拉] celo, abscondo
[德] verbergen, verdecken
[英] hide from, conceal, overshadow
535b1, 535c5
ἀπόλλυμι 毁灭，丧命，丧失
[拉] perdo, amitto
[德] zerstören, ruinieren, verlieren
[英] destroy utterly, ruin, lose
535d4, 535e6
ἀπορέω 困惑，不知所措
[拉] dubito, aestuo, consilii inops sum
[德] ratlos sein, ohne Mittel und Wege
[英] to be at a loss, be in doubt, be puzzled
533a2, 533b4, 533c2, 536b6, 536c7
ἀποφαίνω (πρός-ἀποφαίνω) 显示，展示，宣称
[拉] ostendo
[德] aufzeigen, darlegen
[英] show forth, display, declare
532e8, 533a4, 533c9
ἅπτω 拴，固定，接触
[拉] necto
[德] heften
[英] fasten
535a3
ἀργύριον 银，银钱
[拉] argentum
[德] Silber
[英] silver
535e5, 535e6
ἀριθμητικός 算术的
[拉] arithmeticus
[德] arithmetisch
[英] arithmetical
531e3, 537e7
ἀριθμός 数
[拉] numerus
[德] Zahl
[英] number
531d12
ἀριστερός 左边的
[拉] sinister
[德] link
[英] left
537b1, 537b3, 539b5
ἀρκέω 够了，足够
[拉] sufficio
[德] hinreichen, genügen
[英] to be strong enough, suffice
537c1
ἁρμονία 和谐，协调
[拉] harmonia
[德] harmonie
[英] harmony
534a3
ἀρτάω 挂，依赖，依靠
[拉] suspendo, adpendo

[德] hängen, abhängen
[英] hang, depend upon
533e2, 536b2

ἀρύω (ἀρύτω) 汲水，舀水
[拉] haurio
[德] schöpfen
[英] draw water
534a4

ἀρχαῖος 自古以来的，从前的
[拉] pristinus, antiquus
[德] anfänglich, früher
[英] from the beginning, ancient, former
541d6

ἀρχή 开始，开头，统治，公职
[拉] principium, imperium, magistratus
[德] Anfang, Herrschaft, Amt
[英] beginning, sovereignty, office
541d4

ἄρχω 开始，从……开始，统帅，统治
[拉] incipio, guberno
[德] anfangen, herrschen, befehlen
[英] begin, rule, command
540b5, 540b6, 540c1, 541c3

ἀσπαίρω 挣扎
[拉] palpito
[德] zappeln
[英] struggle
539c2

ἀτεχνῶς 完完全全，真正地
[拉] prorsus
[德] geradezu, ganz
[英] absolutely, simply, completely
532c2, 534d8, 534d8, 541e7

αὐλή 庭院
[拉] vestibulum
[德] Hofraum
[英] open court
539a4

αὔλησις 吹笛
[拉] tibiae cantus
[德] Flötenspiel
[英] flute-playing
533b6

ἀχλύς 雾
[拉] tenebrae, caligo
[德] Nebel
[英] mist
539b1

βῆμα 讲台，站立的地方
[拉] suggestus, pulpitum
[德] Bühne
[英] raised place or tribune
535e2

βουκόλος 牧牛人
[拉] bubulcus
[德] Kuhhirt
[英] cowherd
540c4, 540c6

βούλομαι 愿意，想
[拉] volo
[德] wollen, wünschen
[英] will
532d6, 533a4, 536a2, 542a6

βοῦς 牛
[拉] boum
[德] Rinder

[英] ox, cow, cattle

538d2, 540c5

βυσσός (βυθός) 海底，深处

[拉] profundum

[德] Meerestiefe

[英] depth of the sea

538d1

γάλα 奶

[拉] lac

[德] Milch

[英] milk

534a5

γελάω 嘲笑，笑

[拉] rideo

[德] lachen

[英] laugh at

535e5, 535e6

γένεσις 生成，产生，起源

[拉] generatio, creatio, ortus

[德] Entstehung, Zeugung, Ursprung

[英] generation, coming into being, origin

531c8

γίγνομαι 发生，产生，生成，成为，变得，出现

[拉] accido, evenio

[德] werden, geschehen, sich ereignen

[英] happen, come to be

530c2, 530c4, 530d2, 532a3, 532e6, 534b5, 535a9, 535b4, 535c1, 541e7

γιγνώσκω 认识

[拉] nosco, percipio

[德] erkennen, kennen

[英] know, recognize

530c5, 531d13, 531e6, 531e10, 532a1, 532a8, 532b1, 532e3, 537c2, 537c6, 537c7, 537d2, 537e4, 537e5, 537e6, 538a3, 538a4, 538a7, 538b2, 540a4, 540a5, 540b2, 540b7, 540c2, 540c5, 540d2, 540d3, 540d5, 540d7, 540e2, 540e7, 540e8, 541c7

γνώμη 意见，观点，判断

[拉] sententia, judicium, opinio

[德] Ansicht, Meinung

[英] thought, judgement, opinion

533a4

γραφεύς 画家，画师

[拉] pictor

[德] Maler

[英] painter

532e5, 532e9, 533a4

γραφικός 有关书写的，有绘画修养的

[拉] ad scribendum pertinens, scriptorius

[德] im Malen geschickt, malerisch

[英] capable of drawing or painting

532e4

γράφω 公诉，起诉，书写，画

[拉] accuso, scribo

[德] eine schriftliche Klage einbringen, schreiben

[英] indict, write, paint

532e9

γυῖον 四肢，手脚

[拉] membrum

[德] Glied

[英] limb

539a2

γυνή 妇女
[拉] mulier
[德] Frau
[英] woman
540b4, 540c7

δαιμόνιος (adv. δαιμονίως) 精灵的，属于精灵的
[拉] daemonicus
[德] dämonisch
[英] of or belonging to a daemon
539a1

δαίω 燃烧，点燃
[拉] flagro, ferveo
[德] entflammen, brennen
[英] light up, kindle, burn up
539a3

δάκρυον 眼泪
[拉] lacrima
[德] räne
[英] tear
535c6

δακρύω 哭
[拉] lacrimo
[德] weinen
[英] weep
539a3

δακτύλιος 指环，印章戒指
[拉] annulus
[德] Ring
[英] ring, signet
533d5, 533d6, 533e1, 533e2, 535e7, 536a6, 536b2

δάκτυλος 手指
[拉] digitus
[德] Finger
[英] finger
537e5

δεινός (adv. δεινῶς) 聪明的，强有力的，可怕的
[拉] fortis, potens, peritus, terribilis, dirus
[德] tüchtig, geschickt, gewaltig, furchtbar
[英] clever, powerful, terrible
531a2, 531c1, 532a3, 532b3, 532e8, 533b2, 533b8, 535c7, 535e2, 541e6, 542a1

δειρή 颈，脖子
[拉] cervix
[德] Hals
[英] neck
539c3

δεξιός 右的，右边的
[拉] dexter
[德] recht
[英] right, on the right hand
537b1

δέω (δεῖ, δέομαι) 捆绑；缺乏，需要，恳求，必须，应当
[拉] vincio, indigeo
[德] binden, fesseln, bedürfen, brauchen
[英] bind, lack, want
530c3, 532d3, 533a4, 541c4, 541e5

δῆλος 清楚的，显而易见的
[拉] manifestus
[德] klar, offenbar
[英] clear
530d4, 531b10, 531e8, 532a2,

532c6, 538d6

δημιουργός 匠人，工匠

［拉］qui opera populo utilia facit, auctor operis

［德］Handwerker

［英］one who works for the people, skilled workman, handicraftsman

531c6

διαγιγνώσκω 分辨，区别

［拉］discerno

［德］unterscheiden

［英］know one from the other, distinguish

538c5, 538e4, 540e5, 540e6

διακρίνω 区分，做出决定，解决争端

［拉］discerno, dijudico

［德］entscheiden

［英］distinguish, decide

538e2, 539e4

διαλέγω (διαλεκτέον) 谈论，交谈

［拉］colloquor

［德］reden, diskutieren

［英］hold converse with, discuss

532b9

διάνοια 意图，打算，思想

［拉］consilium, mentis agitatio

［德］Gesinnung, Absicht, Gedanke

［英］thought, intention, purpose

530b10, 530c4, 530d3

διατρίβω 消磨时间，揉碎

［拉］contero, versor

［德］zerreiben, aufhalten, weilen

［英］spend, waste time, delay

530b8

διαφέρω 不同，不一致，有分歧，胜过

［拉］differo, vinco, supero

［德］verschieden sein, sich auszeichnen

［英］differ, excel

540e9, 541a1, 542b1

διαφεύγω 逃走，逃脱

［拉］effugio, evito

［德］entfliehen, vermeiden

［英］get away from, escape

541e8

διάφορος (adv. διαφόρως) 不同的，不一样的

［拉］differens, diversus

［德］verschiedenartig

［英］different, unlike

531b4, 531b9

διδάσκαλος 老师

［拉］magister

［德］Lehrer

［英］teacher, master

536a5

δίδωμι (δοτέον) 给，交出，赠送，赠与，认可

［拉］do, dono, concedo, permitto

［德］geben, schenken, zugeben, gestatten

［英］give, offer, grant

538c1

διέρχομαι 经过，细说，叙述

［拉］transeo, narro

［德］durchgehen, erzählen

［英］pass through, recount

531c4

διθύραμβος 酒神颂
[拉] dithyrambus
[德] Dithyrambe
[英] dithyramb
534c3
δισμύριοι 两万
[拉] vicies mille
[德] zwangzigtausend
[英] twenty thousand
535d4
διστάζω 怀疑，犹豫
[拉] dubito, ambigo
[德] zweifeln
[英] doubt, hesitate
534e2
δίφρος 车板，车厢，座位
[拉] sedes, currus
[德] Wagenkasten, Sessel
[英] chariot-board, seat
537a8
δοάσσεται 看起来，似乎
[拉] videbitur
[德] es schien
[英] it seemed
537b4
δοκέω 设想，看来，认为
[拉] puto, opinor, videor
[德] glauben, scheinen
[英] imagine, seem
531a4, 533d1, 534e1, 535a1, 535a4, 536d7, 538a2, 538a5, 540e9, 541a3, 541a6, 541a7, 541c1, 541d5
δοῦλος 奴隶
[拉] servus
[德] Knecht
[英] slave
540b4, 540c3, 540c4
δράκων 巨蛇，龙
[拉] draco
[德] Drache, große Schlange
[英] dragon, serpent
539c1
δρέπω 采摘
[拉] carpo, colligo
[德] abpflücken
[英] pluck
534b2
δύναμαι 能够，有能力
[拉] possum, valeo
[德] können, imstande sein
[英] to be able
533d7
δύναμις 能力，力量
[拉] potentia
[德] Macht, Vermögen
[英] power, might
533d3, 533d6, 533e3, 534c6, 535e9, 536a3
ἐγείρω 唤醒，激起
[拉] excito
[德] erwecken, anregen
[英] awaken, rouse
532c3, 533a5, 536b8
ἐγκώμιον 赞歌，颂词
[拉] laudatio
[德] Preisgesang
[英] laudatory ode
534c3

ἐγχρίμπτω 使接近，使冲向

[拉] appello, admoveo

[德] herandrängen, anprallen lassen

[英] bring near to, strike or dash against

537b3

ἐθέλω 愿意，乐于

[拉] volo

[德] wollen, wünschen

[英] to be willing, wish

530b4, 536d8, 541e6

εἴδω (οἶδα, ἀπό-εἶδον) 看，知道，熟悉

[拉] video, scio, peritus sum

[德] sehen, wissen, verstehen

[英] see, know, be acquainted with

532e7, 533a7, 533b7, 534d2, 535d8, 535e1, 535e7, 536e3, 536e5, 536e7, 537e3, 541b4, 542a5

εἴδωλον 幻象，幻想，图像

[拉] imago, figura

[德] Phantasie, Abbild

[英] phantom, fantasy, image

539a4

εἰκάζω 使相像，比做，写照，猜想

[拉] similem facio, confero, comparo, conjicio

[德] ähnlich machen, nachbilden, mutmaßen, vermuten

[英] represent by an image, liken, compare, conjecture

532c5

εἰκός (adv. εἰκότως) 很可能的，合理的，当然的

[拉] probabilis, decens

[德] wahrscheinlich, folgerichtig, natürlich

[英] probable, reasonable

532e1

εἴκω 退让，屈服

[拉] cedo

[德] weichen, nachgeben

[英] yield, give up

537b2

εἰλύω 包裹，围起来

[拉] obvolvo

[德] umhüllen

[英] enfold, enwrap

539a2

εἶμι (ἰτέον) 去，来

[拉] ibo

[德] gehen, kommen

[英] go, come

538e2, 539d5

εἶπον 说

[拉] dico

[德] sagen

[英] say, speak

530d2, 533a5, 533b4, 535b1, 535b2, 535c5, 536d5, 537a5, 538a1, 538b1, 540b3, 540b7, 540c1, 540c4, 540c7, 540d1, 540d5, 541e6, 542a6

εἰρέω (εἴρω) 说

[拉] dico

[德] sagen

[英] say

535d7

ἕκαστος 每，每一个，各自

[拉] singulus, quisque

[德] jeder

[英] each, every one

534c2, 534c5, 537c5, 538e2

ἑκάστοτε 每回，每次，任何时候

[拉] semper

[德] jedesmal, jemals

[英] each time, on each occasion

535e1

ἐκκρεμάννυμι (ἐκκρέμαμαι) 从……挂下来，吊在……上面

[拉] pendo, suspensus sum

[德] anhängen

[英] hang from or upon

536a6

ἐκλέγω 选择，选取，从中选出

[拉] eligo, detraho

[德] auswählen

[英] select, pick out

539d5, 539e1

ἐκμανθάνω 熟悉，通晓，记住，背诵

[拉] edisco, cognosco

[德] vernehmen, auswendig lernen

[英] learn thoroughly, learn by heart

530c1

ἐκπλήσσω 使惊慌失措，吓呆

[拉] stupefacio, obstupesco

[德] erstaunen, erschrecken

[英] amaze, astound

535b2

ἐκφανής 显而易见的，显露出来的

[拉] manifestus, apertus

[德] sichtbar, deutlich

[英] showing itself, plain, manifest

535b4

ἔκφρων 神经失常的，疯狂的

[拉] amens

[德] von Sinnen, toll, in Verzückung

[英] out of one's mind, senseless, frenzied, enthusiastic

534b5

ἐκχέω 泼掉，倒出

[拉] effundo

[德] ausschütten, verschütten

[英] pour out

535b4

ἐλαχύς (comp. ἐλάσσων; sup. ἐλάχιστος) 少的，小的

[拉] parvus

[德] klein, gering

[英] small, little

541e1

ἐλεεινός 可怜的，可悲的，表示同情的

[拉] miserabilis

[德] mitleidig, mitleidswert, mitleidsvoll

[英] finding pity, piteous

535b6, 535c6

ἐλεύθερος 自由的

[拉] liber

[德] frei

[英] free

540b4

ἕλκω 拖，拉，扯

[拉] traho

[德] ziehen

[英] draw, drag

536a2

ἐμβαίνω 走进，踏上

[拉] ingredior, ineo

［德］hineinsteigen, einschreiten

［英］enter upon, embark

534a3

ἐμβλέπω 注视，凝视

［拉］intueor, adspicio

［德］hinsehen, anblicken

［英］look at

535e3

ἐμμεμαώς 急迫的，急匆匆的

［拉］concitatus, cupiens valde

［德］eifrig, heftig

［英］in eager haste, eager

538d2

ἔμπειρος 有经验的，有见识的，老练的，熟悉的

［拉］peritus

［德］erfahren, kundig

［英］experienced, acquainted

539e2

ἐμπίπλημι 充满，满足

［拉］impleo

［德］anfüllen, vollfüllen

［英］fill

535c6

ἔμφρων 头脑清醒的，有理性的

［拉］sobrius, prudens, intelligens

［德］besonnen, vernünftig

［英］rational, intelligent

534a1, 534a2, 534a5, 535b7, 535d1

ἐναργής (adv. ἐναργῶς) 可见的，清楚明白的

［拉］manifestus

［德］deutlich, sichtbar

［英］visible, palpable, clear

535c4

ἐνδείκνυμι 证明，指出，检举

［拉］demonstro, ostendo

［德］beweisen, erweisen, aufzeigen

［英］prove, demonstrate, exhibit, point out

534e2, 534e6, 541d2

ἔνθεος 为神所凭附的，被神所感召的，从神那里得到灵感的

［拉］divino instinctu concitatus

［德］gotterfüllt, gottbegeistert

［英］full of the god, inspired by the god

533e4, 534b5

ἐνθουσιάζω (ἐνθουσιάω) 从神那里得到灵感，被神附体

［拉］fanatico, seu divino furore agor

［德］inspirieren

［英］to be inspired or possessed by a god

533e5, 535c2, 536b3

ἐνίημι 送到……里去，移植

［拉］immitto, infigo

［德］hineinsenden, hineintun

［英］send in or into, implant

534b6

ἐνίοτε 有时

［拉］interdum, aliquando

［德］manchmal

［英］at times, sometimes

533e1

ἐνταῦθα (ἐνθαῦτα) 在这儿

［拉］huc

［德］hierin

[英] here
539b3
ἐντίθημι 放进，置入
[拉] impono, infero, indo
[德] hineinlegen, hineinstellen, hineinsetzen
[英] put in or into
533d6
ἐξαιρέω 取出，取走，消灭
[拉] eximo
[德] herausnehmen, befreien
[英] take out, remove, get rid of
534c8
ἐξαπατάω 欺骗，引诱
[拉] decipio
[德] täuschen, gänzlichbetrügen
[英] deceivethoroughly, beguile
541e4, 542a3
ἐξαπόλλυμι 彻底毁灭
[拉] prorsus deleo
[德] völlig vernichten
[英] destroy utterly
539b1
ἐξαρτάω 挂在……上，依赖于
[拉] suspendo
[德] aufhängen, abhängen
[英] hang upon, depend upon
533e5, 536a4, 536a6, 536a8
ἐξεπίτηδες 故意地
[拉] ex industria
[德] absichtlich
[英] on purpose
534e6
ἐξευρίσκω 找出，发现
[拉] invenio
[德] ausfinden, herausfinden
[英] find out, discover
538e2
ἐξηγέομαι 解释
[拉] explico, interpretor
[德] erklären
[英] expound, interpret
531a7, 531b5, 531b8, 531b9, 533b2, 533b8
ἔοικα 看来，似乎
[拉] ut videtur
[德] es scheint
[英] seem, look like
532b2
ἑορτή 节日，节庆
[拉] festum
[德] Fest
[英] feast, festival, holiday
535d3
ἐπαινέτης 赞美者，表扬者
[拉] laudator, probator
[德] Lobredner, Lobpreiser
[英] praiser
536d3, 542b4
ἐπαινέω (ἐπαινετέον) 赞许，赞美
[拉] laudo
[德] loben
[英] approval, praise
536d6, 541e2
ἐπαυρέω 接触，擦过
[拉] impingo
[德] berühren, streifen
[英] touch, graze

537b5

ἐπέρχομαι 突然来临，走向

［拉］accedo, advenio

［德］herankommen

［英］approach, come suddenly upon

539b4

ἐπιδείκνυμι 指出，显示

［拉］ostendo, declare

［德］aufzeigen, vorstellen

［英］exhibit as a specimen, display, exhibit

530d5, 533a2, 541e4, 541e5, 542a1, 542a3

ἐπιδημέω（外侨）定居在一个地方，住在家里

［拉］domi sum, inter populum versor

［德］sich als Fremder wo aufhalten, in der Gemeinde, daheim bleiben

［英］come to stay in a city, reside in a place, to be at home, live at home

530a1

ἐπιλανθάνομαι 忘记

［拉］obliviscor

［德］vergessen

［英］forget, lose thought of

540a1

ἐπιλήσμων 健忘的

［拉］obliviosus

［德］vergeßlich

［英］apt to forget, forgetful

539e7, 539e8

ἐπίσταμαι 知道

［拉］scio

［德］wissen

［英］know

531b9, 534c6, 541e4

ἐπιστήμη 知识

［拉］scientia

［德］Wissen, Wissenschaft

［英］knowledge

532c6, 536c1, 537d6, 537e2, 538b6, 541e2

ἐπιτρέχω 跑上去，冲向，跑过，扩散开

［拉］accurro

［德］herbeieilen, darüberlaufen

［英］run upon or at, run over

539b1

ἔπος 言辞，字句

［拉］verbum, sermo, narratio

［德］Wort

［英］word, speech

530c1, 533e6, 534c4, 535b2, 535c3, 537a2, 537c1, 538b1

ἐργάζομαι 工作，做，制造

［拉］laboro, infero

［德］arbeiten, tun

［英］work at, labour, make

534a6, 535d9

ἐργασία 做工，工作

［拉］opus, labor, opera

［德］Werke, Tätigkeit

［英］work, labour

540d1

ἔργον 事情，行动，行为，结果，任务

［拉］res, opus

［德］Sache, Ding, Tat, Werk

［英］thing, matter, deed, action

530c8, 533a2, 533b3, 537c6

ἔργω 关进去，围起来，排除在外面
[拉] arceo, prohibeo
[德] einsperren, einschließen, ausschließen
[英] shut in, enclose, keep away from
539b5

ἔρεβόσδε 前往黑暗界
[拉] in Erebum
[德] in die Unterwelt
[英] to erebus
539a5

ἔριον 羊毛
[拉] lana
[德] Wolle
[英] wool
540c7

ἑρμηνεύς (ἑρμηνευτής) 翻译者，解说人
[拉] interpres
[德] Dolmetscher
[英] interpreter
530c3, 534e4, 535a9

ἑρμηνεύω 解释
[拉] interpretor
[德] auslegen
[英] interpret
535a5, 535a6

ἔρομαι 问，询问，请教
[拉] interrogo, inquiro, quaero
[德] fragen, befragen
[英] ask, question, inquire
532e2, 535b2, 537e6, 538a1, 538d7, 540e1

ἔρχομαι 动身，去
[拉] venio, progredior
[德] schreiten, gehen
[英] go, start
533c9, 538d3

ἐρῶ 将要说，将要宣布
[拉] dicam, dico, loquor, nuncio
[德] reden, sagen
[英] will tell, proclaim
535c5, 535d7, 537a4

ἐρωτάω 问，询问
[拉] interrogo, rogo
[德] fragen, erfragen, befragen
[英] ask, question
536d1

ἐσθής 衣服，服装
[拉] vestis
[德] Kleidung
[英] clothing
535d2

ἔσχατος 最严重的，极度的
[拉] ultimus, summus
[德] äußerst, letzt
[英] ultimate, utmost
535e8

ἑταῖρος (ἑταίρα) 朋友，同伴
[拉] amicus, socius
[德] Kamerad, Freund
[英] comrade, companion
532c5

ἕτερος (ἅτερος, adv. ἑτέρως) 另一个，两者中的一个，不相同的
[拉] alter, alius
[德] ein andrer, der eine von zweien, verschieden
[英] one or the other of two, another,

different
531e6, 531e7, 537d2, 537d3, 537d4, 537d5, 537d6, 537e2, 537e3, 538b5, 538b6, 540a3, 540a4

εὐθύς (adv. εὐθέως) 直的，立即
[拉] rectus, statim
[德] gerade, gleich
[英] straight, right away
532c3, 536b8

εὐλαβέομαι 提防，当心，注意，谨防
[拉] caveo, vereor, metuo
[德] sich hüten
[英] to be discreet, cautious, beware
537a6

εὔξεστος 刨凿得很好的
[拉] bene politus
[德] wohl poliert, gut geschliffen
[英] well-planed, well-polished
537a8

εὐπορέω 富有，有能力，有办法
[拉] abunde possum, est mihi faculats
[德] vermögend sein, Mittel finden, Wege finden
[英] to be able to do, find a way, find means
532c3, 533a5, 533c6, 536b8, 536c5, 536d2

εὕρημα 发现，发明
[拉] inventum, quaestus
[德] Erfindung, Entdeckung
[英] invention, discovery
534e1

εὑρίσκω 发现，找到
[拉] invenio, exquiro
[德] finden, entdecken
[英] find, discovery
538e1

ἐφάλλομαι 跳上去
[拉] insilio
[德] heraufspringen
[英] spring upon
535b3

ἔχω (ἴσχω, ἀμφί-ἴσχω, adv. ἐχόντως) 有，拥有
[拉] habeo
[德] haben, besitzen
[英] have, possess
530d2, 531e2, 533a2, 533b4, 533c2, 533c4, 534b6, 535b1, 535c3, 536b1, 536b4, 537c4, 538a6, 539c3

ζηλόω 竞争，嫉妒
[拉] aemulor, invideo
[德] nacheifern, beneiden
[英] vie with, emulate, to be jealous of, envy
530b5, 530c6

ζηλωτός 可羡慕的，值得模仿的
[拉] dignus quem studiose sequare, felix iudicandus
[德] beneidet, bewundert
[英] enviable, to be deemed happy, to beenvied
530c1

ζόφος 幽冥，下界的黑暗，昏暗
[拉] tenebrae, occidens
[德] Dunkel der Unterwelt, Finsternis
[英] nether darkness, gloom, darkness
539a5

ζωγράφος 画家
[拉]pictor
[德]Maler
[英]painter
533a1
ζῷον 动物，生物，活物
[拉]animal, animans
[德]Tier
[英]living being, animal
539c2
ἦκα 轻轻地，微微地
[拉]leniter, paullulum
[德]leise, sanft
[英]slightly, a little
537b1
ἥλιος 太阳
[拉]sol
[德]Sonne
[英]sun
539a5
ἡνία 缰绳
[拉]habena
[德]Zügel
[英]bridle, reins
537b2
ἡνιοχεία 驾驭，掌管
[拉]aurigatio
[德]das Zügellenken, Fahren
[英]chariot-driving, conduct, management
537a2
ἡνιοχικός 属于御者的
[拉]ad aurigationem pertinens, aurigae proprius
[德]dem Lenker od. Zum Lenken gehörig
[英]of or for drivin
538b5, 540a3
ἡνίοχος 御者，掌握缰绳的人
[拉]auriga
[德]Wagenlenker, Zügelhalter
[英]one who holds the reins, driver
537c2, 537c3, 538b3, 538b4
ἥρως 英雄
[拉]heros
[德]Heros
[英]hero
531d1
θάλασσα (θάλαττα) 海洋
[拉]mare
[德]Meer
[英]sea
540b6
θαυμάζω (θαυμαστέος) 惊异，钦佩
[拉]miror, admiror
[德]wundern, hochschätzen
[英]wonder, admire
536d4
θεάομαι (θεατέον) 看，注视
[拉]specto, contemplor
[德]schauen, sehen
[英]see clearly, contemplate
532e2, 535b3
θεατής 观看者
[拉]spectator
[德]Zuschauer, Beobachter
[英]spectator
535d8, 535e7

θεῖος 神圣的，属于神的
[拉] divinus
[德] göttlich, heilig
[英] of or from the gods, divine
530b10, 533d3, 534c1, 534c6, 534d1, 534e4, 535a4, 536c2, 536d3, 542a4, 542a7, 542b2, 542b4

θεός 神
[拉] Deus
[德] Gott
[英] God
530a5, 530b4, 531c6, 531c8, 534c7, 534d3, 534e2, 534e4, 534e5, 534e6, 535a5, 536a2, 536c4, 537c6, 541b6

θρίξ 头发
[拉] crinis
[德] Haar
[英] hair
535c7

θυσία 献祭，祭奠，牺牲
[拉] sacrum
[德] Opfer
[英] sacrifice, offering
535d3

ἴαμβος 抑扬格，短长格
[拉] iambus
[德] Iambus
[英] iambus
534c4

ἰατρικός 有关医疗的
[拉] medicinus
[德] den Arzt betreffend, ärztlich
[英] medical
537c7, 537c8, 538c4, 538c6

ἰατρός 医生
[拉] medicus
[德] Arzt
[英] physician
531e9, 537c2, 539d7, 540c2

ἰδιώτης 平民，普通人，一无所长的人
[拉] plebeius
[德] ein gewöhnlicher Mann
[英] common man, plebeian
531c5, 532e1

ἰδιωτικός 个人的，私人的，普通的，外行的
[拉] ad privatos pertinens, privatus
[德] einem Privatmann zugehörig, gemein, ungebildet
[英] private, unprofessional, amateurish
532e2

ἰδνόομαι 弯曲
[拉] incurvo, inflecto
[德] sich beugen
[英] bend oneself
539c4

ἱερός 属于神的，献给神的
[拉] sacer, sacrosanctus
[德] heilig, göttlich
[英] holy, under divine protection, dedicated
534b4

ἵημι 射出，放射，投掷
[拉] jacio
[德] werfen, schleudern
[英] throw, shoot
539a5, 539c4

ἱκανός (adv. ἱκανῶς) 充分的，足够的
[拉] sufficiens, satis
[德] zureichend, genügend, hinlänglich
[英] sufficient, adequate
531a3, 532b5, 541c6

ἱκάνω 来，来到，到达
[拉] convenio, adeo
[德] kommen, gelangen zu, erreichen
[英] come, reach, attain to
538d1

ἴκελος (εἴκελος) 相像的，相似的
[拉] similis
[德] ähnlich, vergleichbar
[英] like, resembling
538d1

ἱκνέομαι 来到，到达
[拉] pervenio
[德] gelangen
[英] reach, arrive at
537b4

ἱππάζομαι 骑马，驱马
[拉] equitor
[德] Pferde lenken
[英] drive horses
540e1, 540e2

ἱππεύς 骑兵
[拉] eques
[德] Reiter
[英] horseman, rider
540e3

ἱππικός 关于马的，关于骑者的
[拉] equester, equestris artis peritus
[德] zum Pferde gehörig, zum Reiter gehörig
[英] of a horse, of horsemen or chariots
540d7

ἱπποδρομία 骑马比赛，马车比赛
[拉] curriculum equorum
[德] Pferderennen, Wagenrennen
[英] horse-race or chariot-race
537a6

ἵππος 马
[拉] equus
[德] Pferd
[英] horse
537b1, 537b3, 540d7

ἵστημι 称，在天平上衡量；停下来不动，站住
[拉] pondero, libro，desino
[德] wiegen, abwägen, stehen machen
[英] place in the balance, weigh, bring to a standstill
535c7, 535d5

ἰχθύς 鱼
[拉] piscis
[德] Fisch
[英] fish
538d3

καθεύδω (καθευδητέον) 睡
[拉] dormio
[德] schlafen
[英] lie down to sleep, sleep
536b6

καθίζω (καθιζάνω) 设立，设置；就座，坐下
[拉] constituo, sedeo
[德] ansetzen, veranstalten, sich setzen

［英］set, place, sit down

535e5

καθοράω (κατεῖδον, κατοπτέον) 观看，俯视

［拉］perspicio

［德］einsehen, betrachten

［英］look down, observe

535e1

κακός (adv. κακῶς) 坏的，有害的

［拉］malus, vitiosus

［德］schlecht, böse

［英］bad, evil

531c5, 531d8, 531e2, 531e7, 532a1, 532a2, 538e4, 539a1, 539b1, 540e1

καλέω (κλητέος) 呼唤，叫名字，称作

［拉］voco, nomino

［德］rufen, nennen

［英］call, name

537d6

καλός (adv. καλῶς, comp.καλλίων, sup. κάλλιστα) 美的，好的

［拉］pulcher

［德］schön

［英］beautiful

530b7, 530c5, 530c8, 530d3, 531a7, 531b5, 533c5, 534e7, 534a2, 534b8, 534c1, 534c6, 534d8, 534e3, 535a1, 535e1, 538a7, 538b2, 538c5, 538d5, 540b7, 540c2, 541e3, 542a5, 542b1, 542b3

κάμνω 患病

［拉］aegroto

［德］erkranken

［英］to be sick

540c1

καμπή 转弯处

［拉］flexus, flexio

［德］Biegung, Krümmung

［英］bending, winding, flexion

537a6

καρδία 心，心脏

［拉］cor

［德］Herz

［英］heart

535c8

καταβάλλω 扔，投

［拉］conjicio

［德］hinabwerfen

［英］throw down, overthrow

539c5

κατέχω 拦住，阻止，占据，掌控

［拉］detineo, compesco, possideo, habeo

［德］zurückhalten, hemmen, innehaben

［英］hold back, withhold, detain, possess, occupy

534e7, 534a4, 534a5, 534e5, 536a8, 536b4, 536b5, 536c4, 536d5, 542a4

κατοκωχή 着魔，感召，灵感

［拉］mentis permotio, instinctus afflatusque divinus

［德］Begeisterung, göttlich Eingebung

［英］possession, inspiration

536c2

κεντέω 刺，扎

［拉］pungo, stimulo

［德］stechen

[英] prick, stab
537b2
κέρας 犄角，角
[拉] cornu
[德] Horn
[英] horn
538d2
κεφάλαιον 要点，要旨，主要方面，主要的东西
[拉] caput, quod summum et praecipuum est
[德] Hauptsache, Hauptpunkt
[英] chief or main point
531c9
κεφαλή 头
[拉] caput
[德] Kopf
[英] head
531d12, 539a2
κῆπος 花园，园子
[拉] hortus
[德] Garten
[英] garden, orchard, plantation
534b1
κιθαρίζω 弹琴
[拉] cithara cano
[德] die Zither spielen
[英] play the cithara
540e4
κιθάρισις 弹琴，弹竖琴
[拉] citharae cantus
[德] Zitherspiel
[英] playing on the cithara
533b6
κιθαριστής 竖琴手，竖琴师
[拉] citharista
[德] Lautenspieler, Zitherspieler
[英] player on the cithara
540e3, 540e5
κιθαριστικός 精通弹琴的
[拉] cithara canendi peritus
[德] den Zitherspieler betreffend
[英] skilled in citharaplaying
540d7
κιθαρῳδία 竖琴伴唱
[拉] citharae vocisque cantus coniunctus
[德] Zitherspiel mit Gesang
[英] a singing to the cithara
533b6
κινέω 移动，推动
[拉] moveo
[德] bewegen
[英] move, remove
533d3
κλάζω 发出尖叫声
[拉] clango
[德] erschallen, krächzen
[英] make a sharp piercing sound
539d1
κλαίω 哭泣
[拉] lacrimor
[德] weinen
[英] cry
535d3, 535e2, 535e5, 535e6
κλίνω 倾斜
[拉] declino
[德] neigen

［英］lean

537a8

κνάω 刮，擦

［拉］rado

［德］schaben

［英］scrape, grate

538c2

κνῆστις 刮刀，锉刀

［拉］culter

［德］Schabeisen

［英］grater

538c3

κόπτω 打，敲

［拉］plango

［德］schlagen, anklopfen

［英］knock, beat

539c3

κοσμέω 安排，整理，装扮，修饰

［拉］ordino, adorno

［德］ordnen, schmücken

［英］order, arrange, adorn

530b6, 530d7, 535d2

κοῦφος 轻的

［拉］levis

［德］leicht

［英］light

534b3

κρήνη 泉

［拉］fons

［德］Quelle

［英］spring

534b1

κρίνω 判决，审判，判断

［拉］judico

［德］aburteilen, verurteilen

［英］adjudge, give judgement

538d4, 539d3

κριτής 裁判，仲裁者

［拉］judex, arbiter

［德］Beurteiler, Richter

［英］judge, umpire

532b5

κρόμυον 洋葱

［拉］cepa

［德］Zwiebel

［英］onion

538c3

κτῆμα 所有物

［拉］possessio

［德］Erwerbung, Habe, Besitz

［英］property, possession

534b6

κυβερνήτης 舵手

［拉］gubernator

［德］Steuermann

［英］steersman

540b8

κυβερνητικός 善于掌舵的

［拉］artis gubernandi peritus

［德］zum Steuern gehörig od. geschickt

［英］good at steering

537c6

κυκεών 牛乳酒

［拉］cinnus

［德］Mischtrank

［英］potion, posset

538b8

κύκλος 圆圈
[拉] circulus
[德] Kreis
[英] circle
537b5

λαμβάνω (ληπτέον) 获得，拥有，抓住
[拉] accipio
[德] bekommen, empfangen, fassen
[英] take, possess, seize
532d1, 532e4, 535e5, 535e9

λανθάνω 不被注意到，没觉察到
[拉] lateo, delitesco
[德] verborgen, unbekannt sein
[英] escape notice, unawares, without being observed
539c2

λαός 人民
[拉] populus
[德] Volk
[英] people
539b5

λέγω (λεκτέος) 说
[拉] dico
[德] sagen
[英] say, speak
530b2, 530c3, 530c5, 530c7, 530c9, 530d4, 531a6, 531a7, 531b1, 531b2, 531b5, 531b8, 531b9, 531c3, 531d13, 531e1, 531e2, 531e4, 531e5, 531e6, 531e7, 531e9, 531e10, 532a1, 532a2, 532a6, 532a8, 532b1, 532b2, 532b3, 532b6, 532c4, 532c6, 532c8, 532d3, 532d6, 532d8, 532e3, 533c6, 533c7, 533d2, 533e7, 534a7, 534b3, 534b8, 534c5, 534c7, 534d2, 534d4, 534d8, 535a2, 535a8, 535c2, 535c6, 535e3, 535e8, 536b7, 536c1, 536c2, 536d4, 536d7, 536e1, 536e2, 536e5, 536e6, 537a1, 537a5, 537c1, 538a6, 538b1, 538b2, 538b7, 538c1, 538c4, 538c7, 538d5, 538e6, 538e7, 539b2, 539d4, 539d5, 540b1, 540b6, 540c3, 540c4, 541a1, 541e2, 542a2, 542a5

λίθος 石头
[拉] lapis
[德] Stein
[英] stone
533d3, 533d5, 533d7, 533e3, 535e8, 536a4, 537b5

λιπαρέω 坚持，再三要求，恳求
[拉] insto, instanter rogo vel quaero
[德] festhalten, beharren, inständig bitten
[英] persist, persevere, beseech
541e6

λόγος 话，说法，言词，理由，道理，讨论
[拉] verbum, dictum, oratio
[德] Wort, Rede
[英] words, arguments
532e4, 534d5, 535a4, 540a6, 541d3, 541d5

μαίνομαι 发疯
[拉] insanio
[德] wahnsinnig werden
[英] madden
536d6

μακρός 长的，高的，深的

[拉] longus, altus

[德] lang, tief

[英] long, tall

533e1

μάλα (comp. μᾶλλον, sup. μάλιστα) 很，非常

[拉] valde, vehementer

[德] sehr, recht, ganz

[英] very, exceedingly

530b9, 534e1, 535b2, 535e1, 538d4, 541a4

μανθάνω 学习，理解，弄明白，懂

[拉] disco, intelligo

[德] lernen, verstehen

[英] learn, understand

541b5

μαντικός (μαντικῶς) 预言的，神示的

[拉] vatem efficiens

[德] prophetisch, weissagerisch

[英] prophetic, oracular

531b2, 531b4, 538e3

μάντις 预言家

[拉] vates

[德] Seher, Wahrsager

[英] seer, prophet

531b6, 531b7, 534d1, 538e3, 539d2, 539d7

μάω 急于

[拉] cupio, studeo

[德] erstreben, begehren

[英] to wish eagerly, strive, yearn, desire

539b4

μέγας (comp. μείζων; sup. Μέγιστος; adv. μεγαλωστί) 强有力的，大的

[拉] validus, magnus

[德] gewaltig, groß

[英] mighty, great, big

534d4

μέλι 蜂蜜

[拉] mel

[德] Honig

[英] honey

534a5

μελίρρυτος 流蜜的

[拉] mellifluens

[德] honigströmend

[英] honey-flowing

534b1

μέλισσα (μέλιττα) 蜜蜂

[拉] apis

[德] Biene

[英] bee

534b2

μέλλω 打算，注定要，必定，应当

[拉] futurus sum, debeo, fatali necessiate cogor

[德] wollen, gedenken, sollen, bestimmt sein

[英] to be about to, to be destined

538a1

μελοποιός 抒情诗人

[拉] lyricus

[德] lyrischer Dichter

[英] maker of songs, lyric poet

533e8, 534a1, 534a6

μέλος 肢，四肢，曲调

[拉]membrum, melodia
[德]Glied, Lied
[英]limb, tune
534a2, 534b2, 534d8, 535a1, 536b7, 536c3, 536c5

μέσος (adv. μέσως) 中间的
[拉]medius
[德]inderMitte
[英]middle
535e9, 539c5

μιμνήσκω (μιμνήσκομαι) 想起，记起
[拉]recordor, memini
[德]erinnern
[英]remember, remind oneself of
532c2, 534d7, 536c7, 537a2, 537a4, 540a2, 540a3

μνηστήρ 求婚者
[拉]procus
[德]mit Mühe, schwer
[英]wooer, suitor
535b4, 538e7

μοῖρα 应得的份额，定命，命运
[拉]sors
[德]Los, Schicksal
[英]portion in life, lot, destiny
534c1, 536c2, 536d3, 542a4

μολύβδαινα 铅锤
[拉]pila plumbea
[德]Bleikugel
[英]piece of lead
538d1

μόνος 唯一的，仅仅的
[拉]solus, singularis, unus
[德]allein, alleinig, bloß
[英]alone, solitary, only
530c1, 531a2, 531a3, 533a4, 533d5, 534c2, 536c3

μουσικός 文艺的，音乐的
[拉]musicus
[德]musisch
[英]musical
530a7

νάπη 幽谷
[拉]vallis
[德]Waldtal, Talgrund
[英]woodland vale, dell, glen
534b1

νέρθε (ἔνερθε) 从下边，在下边
[拉]subtus
[德]von unten
[英]from beneath, beneath, below
539a2

νικάω 得胜，战胜，征服
[拉]vinco
[德]siegen
[英]win, conquer
530b2

νομίζω (νομιστέος) 承认，信奉
[拉]existimo, reor
[德]anerkennen, glauben
[英]acknowledge, believe in
542a7, 542b2

νόος (νοῦς) 理智，努斯
[拉]mens, intellectus
[德]Verstand, Vernunft
[英]mind, intellect
532c1, 532c3, 533a5, 534b6, 534c8, 534d3, 535e4

νύξ 夜晚

[拉] nox

[德] Nacht

[英] night

539a1

νύσσα 跑道终点竖立的石柱

[拉] meta

[德] Prellstein

[英] turning-post

537b3

νυστάζω 打盹儿，昏昏欲睡

[拉] dormito

[德] schlummern

[英] to be half asleep, doze

532c2, 533a2, 533b4

ξένος (adv. ξένως) 陌生的，不熟悉的，异乡的

[拉] alienus, peregrinus

[德] fremd

[英] unacquainted with, ignorant of

541d1, 541d2

ὀδύνη 痛苦，苦恼

[拉] dolor, cruciatus, moeror

[德] Schmerz, Qual

[英] pain, grief, distress

539c5

οἴκοθεν 从家里

[拉] domo

[德] von Hause

[英] from home

530a2

οἰμωγή 悲叹，哀号

[拉] gemitus

[德] Wehklage

[英] wailing, lamentation

539a3

οἶνος 酒

[拉] vinum

[德] Wein

[英] wine

538c2

οἴομαι 料想，猜，认为，相信

[拉] puto

[德] vermuten, denken

[英] guess, think, believe

530c8, 530d7, 531a6, 533b6, 535c1, 536d6, 541c6

ὀιστός 箭

[拉] sagitta

[德] Pfeil

[英] arrow

535b5

ὅλος (adv.ὅλως) 整个的，全部的

[拉] totus

[德] ganz, völlig

[英] whole, entire

532c9, 532d2, 532e4, 532e5

ὁμιλέω 交往，结交

[拉] in coetu aliquorum versor

[德] zusammen sein, Umgang haben

[英] to be in company with

531c7

ὁμιλία 来往，交往

[拉] consuetudo, colloquium

[德] das Zusammensein, Verkehr, Umgang

[英] intercourse, company

531c4

ὅμιλος 人群
[拉] turba
[德] Ansammlung von Menschen
[英] any assembled crowd, throng of people
539c5

ὅμοιος (adv.ὁμοίως) 一致的，相似的，相像的
[拉] par, aequalis, similis
[德] einig, gleich
[英] same, like, resembling
531a8, 531b4, 531d6, 532a7, 532b3

ὁμοκλέω 大声叫喊
[拉] clamore incito
[德] laut schreien
[英] command loudly, call on
537b2

ὁμολογέω (ὁμολογητέον) 同意，赞同，认可，达成一致
[拉] consentio, assentior
[德] zugestehen, bestimmen
[英] agree with, concede
532b5, 540a4

ὄνομα 语词，名字，名声
[拉] nomen
[德] Name, Nomen
[英] name, word, fame
531e8

ὀνομάζω 命名，称呼
[拉] nomino, appello
[德] nennen
[英] name, call or address by name
533d4, 536a8

ὄνυξ 爪，利爪
[拉] unguis
[德] Klaue
[英] talons, claws
539c1

ὀξύς (adv. ὀξέως) 敏锐的，尖锐的，迅速的
[拉] acutus, acer
[德] scharf, spitz, schnell
[英] sharp, keen, quick
536c3

ὀπίσω 向后，朝后
[拉] retro
[德] rückwärts
[英] backwards
539c4

ὁράω 看，注意
[拉] video, animadverto, intelligo
[德] schauen, einsehen, merken
[英] see, look, pay heed to
533b5, 533c7, 533c9

ὀρθός (adv. ὀρθῶς) 正确的，直的
[拉] rectus
[德] recht, gerade
[英] right, straight
535c7, 537c1, 538c4

ὁρμαθός 一串，一挂
[拉] series, catena
[德] Reihe, Kette
[英] string, chain
533e1, 533e5, 536a4

ὁρμάω 急于要做，打算做，开始，动身
[拉] incito, prorumpo, initium facio
[德] erregen, sich anschicken, beginnen

［英］hasten, be eager, start

534c3, 535b6

ὄρνεον (ὄρνις) 鸟

［拉］avis

［德］Vogel

［英］bird

539b4

ὀρχέομαι 跳舞

［拉］salto

［德］tanzen

［英］dance

534a1, 536b8

οὐδός 门槛

［拉］limen

［德］Schwelle

［英］threshold

535b3

οὐράνιος 天上的

［拉］coelestis

［德］himmlisch

［英］heavenly, dwelling in heaven

531c7

οὐρανός 天

［拉］coelum

［德］Himmel

［英］heaven

539b1

ὀφθαλμός 眼睛

［拉］oculus

［德］Auge

［英］eye

535c6

ὄψον 菜肴

［拉］obsonium

［德］Speise

［英］relish

538c3

πάθος (πάθη, πάθημα) 属性，情状，遭遇，情感，经验

［拉］passio, affectum

［德］Eigenschaft, Attribut, Leiden

［英］state, condition, property, quality, experience

531c8

παίων (παιάν) 颂歌

［拉］paean

［德］Loblied

［英］paean

534d7

πάλαι 很久以前，过去

［拉］olim, pridem

［德］vor alters, ehedem, schon lange

［英］long ago

541e6

παλλακή (παλλακίς) 情妇

［拉］pellex

［德］Kebsweib, Nebenfrau

［英］concubine

538b8

πάμπολυς (παμπληθής) 极多的，极大的

［拉］permultus, varius

［德］sehr viel, sehr groß

［英］very great, large, or numerous

536a4

παντάπασι 完全，绝对

［拉］omnino

［德］ganz, völlig

［英］altogether

535a10

παντοδαπός 各种各样的，五花八门的

［拉］varius, multiplex

［德］mannigfach, mancherlei

［英］of every kind, of all sorts, manifold

541e7

παραινέω 规劝，建议

［拉］admoneo, suadeo

［德］zureden, ermahnen

［英］exhort, recommend, advise

537a6, 540d2

παραμυθέομαι 鼓励，劝告

［拉］hortor, consolor

［德］überreden, ermutigen

［英］encourage, exhort

540c5

παραπλήσιος (adv. παραπλησίως) 接近的，近似于，几乎相等的

［拉］similis, adfinis

［德］ähnlich, beinahe gleich

［英］coming near, nearly equal

536b1

παρειά 面颊

［拉］gena

［德］Wange

［英］cheek

539a3

πάρειμι 在场，在旁边；走上前来

［拉］adsum, procedo

［德］dabei od. anwesend sein, gegenwärtig sein, herbeikommen

［英］to be present in or at, to be by or near, go by, come forward

534d3

παρέχω 提请，提供，让

［拉］adduco, praebeo

［德］darbieten, aufbieten, veranlassen

［英］hand over, yield, allow, grant

530c8

πάσχω 遭遇，发生，经历

［拉］accido

［德］empfangen, erfahren, erleiden

［英］suffer, happen to one

539a1

πέλωρος 巨大的，可怕的

［拉］immanis

［德］riesengroß, ungeheuer

［英］monstrous, prodigious, huge

539c1

περάω 穿越，跨过

［拉］transeo, perforo

［德］durchfahren, überschreiten

［英］pass through, traverse

539b4

περίειμι (περιιτέον) 四处打转，环绕，循环

［拉］circumeo, circumvenio, oberro

［德］herumgehen, umlaufen

［英］goround, comeround

541b8

πέτομαι 飞

［拉］volo

［德］fliegen

［英］fly

534b3, 539d1

πηδάω 跳，跳跃

［拉］salio

［德］springen, hüpfen

［英］leap, spring

535c8

πῆμα 不幸，灾祸

［拉］pernicies

［德］Leid, Unglück

［英］misery, calamity

538d3

πίνω 喝，饮

［拉］bibo

［德］trinken

［英］drink

538b8

πλάγιος 斜着的，歪的

［拉］obliquus

［德］schief

［英］oblique

536a6

πλέως 充满的

［拉］plenus

［德］voll

［英］full, filled

539a4

πλήμνη 轮毂

［拉］modiolus

［德］die Nabe des Rades

［英］nave of a wheel

537b4

πλοῖον 船

［拉］navis

［德］Schiff

［英］ship

540b7

πνοή 风，气息

［拉］flatus

［德］Atem, Wind

［英］wind, breeze

539d1

ποιέω 做，当作

［拉］facio, efficio

［德］machen, tun, annehmen

［英］make, do

530c5, 530d9, 531d2, 531d4, 532b7, 533b3, 533d7, 533e4, 534a2, 534b5, 534b7, 534b8, 534c2, 534d6, 538e4

ποίημα 做成的东西，诗作，作品，行动

［拉］quod aliquis fecit, poema, opus

［德］das Gemachte, Gedicht, Arbeit

［英］anything made or done, poem, work

532d8, 533e7, 534d6, 534e3

ποίησις 诗，作品，制作，创作

［拉］poesis, poema

［德］Machen, Schöpfung, Dichtung

［英］creation, production, poem

531d1

ποιητής 创造者，制造者，诗人

［拉］confictor, factor, auctor

［德］Schöpfer, Verfertiger, Dichter

［英］maker, poet

530b8, 530c4, 530c5, 531b5, 531c2, 531c3, 531d4, 532b4, 532b6, 532b9, 532c7, 533e6, 534a7, 534b4, 534e4, 535a1, 535a5, 535a6, 536a1, 536a7, 536b2, 536b6, 536b7, 542a5

ποιητικός 能创造的，有创造力的，诗的

［拉］faciendi vim habens, poeticus

［德］schaffend, dichterisch

[英] capable of making, creative, productive, poetical
532c8
ποιητός 造就的
[拉] affabre factus
[德] gemacht
[英] made
537b5
ποικίλος 多花色的，五彩斑斓的
[拉] varius
[德] bunt
[英] many-coloured
535d2
πόλεμος 战争，战斗
[拉] bellum, pugna
[德] Krieg, Kampf
[英] battle, fight, war
531c4
πόλις 城邦，城市
[拉] civitas
[德] Staat
[英] city
541c3, 541d2, 541e1
πολλάκις 经常，多次
[拉] saepe
[德] oft
[英] many times, often
530b5, 541c10
πολλαχοῦ (πολλαχῇ) 在许多地方
[拉] in multis locis
[德] an vielen Orten
[英] in many places
537a1, 538e6, 539b2
πολύς (comp. πλείων, sup. πλεῖστος, adv. πλειστάκις) 多，许多
[拉] multus
[德] viel
[英] many, much
530b9, 530c8, 530d3, 531a6, 531c4, 531d13, 531e4, 531e10, 532e6, 533d4, 534b8, 534d3, 535d4, 535d8, 536b4, 537a2, 541b3, 541c2, 541e3, 541e5, 542a5, 542b1
ποταμός 河，溪
[拉] flumen
[德] Fluß, Strom
[英] river, stream
534a5
ποτόν (ποτός) 饮料，喝酒
[拉] potus
[德] Getränk
[英] drink
538c3
πούς 脚
[拉] pes
[德] Fuß
[英] foot
535b5
πρᾶγμα 事情，重大的事情，麻烦事
[拉] res
[德] Sache
[英] thing
534c1, 535c1, 537d5, 537e2, 538b6
πράσσω (πράττω) 做
[拉] ago
[德] tun, handeln, machen
[英] do, act
538a7

πρέπω 相适合，相配，合适

[拉] decet, convenio

[德] passen, ziemen

[英] fit, suit

530b7, 539e8, 540b7, 540c1, 540c3, 540c4, 540c7, 540d1, 540d5

πρόθυρον 前门，门廊

[拉] vestibulum

[德] Torweg, Vorhalle

[英] front-door, door-way, porch, portico

539a4

προσέχω 带给，献上

[拉] applico

[德] herführen

[英] apply, bring

532b9, 532c3, 533a5, 535e4

προσήκω 来到，抵达，关系到，适合于，属于

[拉] pertineo aliquo, attineo

[德] herzugekommen sein, in Verbindung stehen

[英] to have come, reach, belong to, be related to

538e2, 538e3, 539d2, 539e3

πρόσωπον 脸，面容

[拉] vultus

[德] Angesicht, Gesichtszüge

[英] face, countenance

539a2

πρότερος (προτεραῖος) 更早的，在先的

[拉] prior

[德] früher, vorhergehend

[英] before, former, earlier

534b4, 536d8, 537d3

πτηνός 能够飞的

[拉] volucer

[德] geflügelt

[英] able to fly

534b4

ῥᾴδιος (adv. ῥᾳδίως) 容易的，漫不经心的

[拉] facilis, expeditus

[德] leicht, mühelos

[英] easy, ready

538e5

ῥαψῳδέω 朗诵诗歌

[拉] carmina continua pronuntio vel recito

[德] Rhapsode sein, Gedichte hersagen

[英] recite poems

533c3, 541b8

ῥαψῳδία 史诗朗诵，诗歌朗诵

[拉] carminum pronuntiatio

[德] das Vortragen von Gedichten

[英] recitation of Epic poetry

533b7

ῥαψῳδικός 属于史诗朗诵者的

[拉] carminum recitatoris proprius

[德] die Rhapsoden betreffend

[英] of or for a rhapsodist

538b4, 538c5, 538d5, 540a2, 540a5, 540d4, 541a2

ῥαψῳδός 史诗朗诵者，朗诵诗的人

[拉] qui memoriter pronuntiat

[德] Rhapsode

[英] reciter of Epic poems

530a5, 530b5, 530c2, 530c3, 532d7,

533c1, 535a6, 536a1, 538b3, 539e2, 539e3, 539e8, 540a6, 540b7, 540c2, 540c5, 540d3, 540e8, 541a3, 541a6, 541b1, 541b2, 541b7, 541c1

ῥῆμα 言辞，说出的话语，动词

[拉] verbum, dictum

[德] Wort, Ausspruch

[英] that which is said or spoken, word, saying, phrase

536c5

ῥυθμός 节奏

[拉] rhythmus

[德] Rhythmus

[英] rhythm

534a3

σιδήρεος 铁的，铁制的

[拉] ferreus

[德] eisern

[英] made of iron or steel

533d6

σιδήριον 铁器

[拉] ferramentum

[德] Eisengerät

[英] implement or tool of iron

533e1

σιτίον (σῖτος) 食物，粮食

[拉] cibus

[德] Essen, Getreide

[英] food, grain

531e5

σκέπτομαι 考虑，思考

[拉] considero

[德] nachdenken

[英] consider

538d7, 538e5

σκέψις 考虑，思索，观察

[拉] consideatio, speculatio

[德] Überlegung, Prüfung

[英] consideration, speculation

532d2, 532e3

σκοπέω 考虑，注视，查明

[拉] speculor, considero

[德] überlegen, prüfen, sich umshen

[英] behold, contemplate

539d2, 539e4

σοφία 智慧

[拉] sapientia

[德] Weisheit

[英] wisdom

542a1

σοφός 智慧的

[拉] sapiens

[德] weise, klug

[英] wise

532d5, 532d6

στέφανος 花环，花冠

[拉] corona

[德] Kranz

[英] crown

530d8, 535d3, 541c1

στεφανόω 戴花冠

[拉] corono, redimio

[德] bekränzen

[英] crown, wreathe

530d8, 541c1

στῆθος 胸膛

[拉] pectus

[德] Brust

[英] breast

539c3

στρατηγέω 当将军，统兵

[拉] exercitum duco

[德] Heerführer sein

[英] to be general

541b8, 541c4

στρατηγία 将军的职权，领兵

[拉] imperatorium munus

[德] Feldherrnamt, Kriegswesen

[英] office of general, generalship

541d3

στρατηγικός 关于将军的，有将才的

[拉] imperatorius

[德] den Feldherrn betreffend

[英] of or for a general

540d4, 540e7, 541a2

στρατηγός 将军，统帅

[拉] dux

[德] Heerführer, Feldherr

[英] leader or commander of an army, general

540d2, 540d5, 541a4, 541a5, 541b1, 541b3, 541b7, 541c2, 541c4, 541c5, 541c10, 541d5, 541e8

στρατιώτης 士兵

[拉] miles

[德] Soldat

[英] soldier

540d2

στρατιωτικός 有关士兵的

[拉] militaris

[德] zum Soldaten

[英] of or for soldiers

540e7

στρέφω 旋转，翻滚

[拉] verto, volvo

[德] drehen, wenden

[英] turn about, turn round

541e7

συμβάλλω 造成，促成，扔到一起

[拉] suadeo, conjicio

[德] beitragen, zusammenwerfen

[英] contribute, throw together

532c1, 533a3, 533c2

σύμπας (συνάπας) 全部，总共，整个

[拉] omnis, totus, cunctus

[德] all, insgesamt

[英] all together, the whole, sum

531c3

συνθαμβέω 和……一同感到吃惊

[拉] una obstupesco

[德] mitstaunen

[英] to be astounded in keeping with

535e3

συνίημι 理解，明白

[拉] intelligo, sentio

[德] verstehen, einshen

[英] understand, perceive

530c2

σύνοιδα (σύν-εἶδον) 一起看清楚，了解，意识到

[拉] conscius

[德] zugleich wissen

[英] know well

533c5

σφοδρός (adv. σφοδρῶς, σφόδρα) 激烈的，急躁的，热烈的，猛烈地

［拉］vehemens

［德］heftig, ungestüm

［英］violent, impetuous

535e4

σχεδόν 几乎，将近，大致

［拉］paene, prope

［德］nahe, fast, ungefähr

［英］near, approximately, more or less

532b6, 534d7, 540b2

σχῆμα 形状，形态

［拉］figura, forma

［德］Gestalt, Form

［英］form, shape, figure

536c5

σχολή (adv. σχολῇ) 闲暇

［拉］otium

［德］Muße, freie Zeit

［英］leisure

530d9

σῶμα 身体，肉体

［拉］corpus

［德］Leib, Körper

［英］body, corpse

530b6

ταλασιουργός 纺羊毛的人

［拉］lanificus

［德］Wollspinner

［英］wool-spinner

540c7

ταὐτός 同一的

［拉］idem

［德］identisch, gleich

［英］identical

531a5, 531b1, 531b2, 533d7, 535d8, 537e3

τειχομαχία 攻城战，围城战

［拉］muri oppugnatio

［德］Mauerkampf

［英］battle with walls, siege

539b2

τεκμαίρομαι 推断，推测，断定

［拉］argumentor, conjecto

［德］festsetzen, vermuten

［英］judge, conjecture

537d5

τεκμήριον 证明，证据

［拉］argumentum

［德］Beweis

［英］proof

534d5, 535c4

τεκτονικός 木匠的

［拉］ad fabrum pertinens

［德］zur Tischlerei

［英］of or for a carpenter

537c8

τελευτάω 死亡，完成，结束

［拉］morior, occumbo, finio

［德］sterben, vollenden, zu Ende bringen

［英］die, finish, accomplish

541e8

τέχνη 技艺

［拉］ars

［德］Kunst, Kunstfertigkeit

［英］art, skill

530b6, 530b7, 530c8, 531e3, 532c6, 532c7, 532d1, 532d3, 532e4, 532e5, 533d1, 533e6, 534b8, 534c5, 534c6,

536c1, 536d2, 537a1, 537c3, 537c4, 537d2, 537d4, 537e1, 537e6, 538a2, 538a6, 538b4, 538d4, 538e1, 540a2, 540b1, 540d4, 540e2, 541a1, 541e2

τεχνικός 有技艺的，合适的

[拉] artificialis

[德] kunstvoll, vernünftig

[英] skilful, artful, cunning

542a2, 542a4, 542b4

τίθημι (θετέος) 提出，设定

[拉] pono, duco

[德] setzen, stellen

[英] give, put, set up

530a5

τιμάω (τιμητέος) 尊重，敬重，看重；提出应受的惩罚

[拉] honoro, decoro, dignum judico

[德] ehren, achten, schätzen, auf eine Strafe antragen

[英] worship, esteem, honour, estimate the amount of punishment

541d5

τιτρώσκω 受伤，伤害

[拉] vulnero, laedo

[德] verwunden

[英] wound, damage, injure

538b7

τρόπος 方式，生活方式，性情，风格

[拉] modus

[德] Weise

[英] way, manner

532d2

τυγχάνω 恰好，碰巧

[拉] invenio, incido

[德] sich treffen, sich zufällig ereignen

[英] happen to be

536e4, 540d7, 541a4, 541a5

τυρός 奶酪，乳酪

[拉] caseus

[德] Käse

[英] cheese

538c2

ὑγιεινός 健康的

[拉] saluber

[德] gesund

[英] healthy, sound

531e5

υἱός 儿子

[拉] filius

[德] Sohn

[英] son

537a5

ὑπάρχω 开始，属于，存在

[拉] initium do, adsum

[德] anfangen, beginnen, zuteil werden, vorhanden sein

[英] begin, belong to, exist

542b3

ὑπηρέτης (ὑπηρέτις) 仆人

[拉] minister, famulus

[德] Diener

[英] servant

534c8

ὑπισχνέομαι 许诺

[拉] polliceor

[德] versprechen

[英] promise

541e3, 542a3

ὑποδιδάσκαλος 歌队的助理教练
[拉]praesul
[德]Unterlehrer
[英]under-teacher
536a5
ὑποκριτής 解释者，演员
[拉]actor, histrio
[德]Schauspieler, Ausleger
[英]interpreter or expounder, actor
532d7, 536a1
ὑπόρχημα 伴有舞蹈和哑剧动作的唱诗
[拉]carmen cum saltatione mimica coniunctum
[德]Chorgesang mit pantomimische Tanz
[英]song accompanied by dancing and pantomimic action
534c4
ὑψιπέτης 高飞的，翱翔的
[拉]altivolans
[德]hochfliegend
[英]high-flying, soaring
539b5
φαίνω 显示，显得，表明，看起来
[拉]in lucem protraho, ostendo, appareo
[德]ans Licht bringen, scheinen
[英]bring to light, appear
530b7
φάσκω 说，声称
[拉]ajo, affirmo
[德]sagen, behaupten
[英]say, assert
541e4
φαῦλος (φλαῦρος;adv. φαύλως, φλαύρως) 容易的，微小的，低劣的，坏的
[拉]pravus, levis, malus
[德]gering, leicht, schlimm
[英]easy, slight, mean, bad
532e2, 532e6, 534c4, 534e6
φέρω 携带，带到，引向，搬运，忍受
[拉]fero, traho, perfero
[德]tragen, bringen, dulden, ertragen
[英]carry, lead, endure, bear
530b1, 534b2, 538d3, 539c1
φημί (φατέον) 说
[拉]dico
[德]sagen
[英]say, speak
531e1, 532a4, 533c6, 535d1, 537a8, 537d3, 537e3, 537e7, 538c2, 538d4, 539d2, 539e6, 539e7, 540a2
φθέγγομαι 发出声音
[拉]sono
[德]ertönen
[英]utter a sound
534d4, 536b7
φθονέω 嫉妒
[拉]invideo
[德]beneiden, neidisch sein
[英]grudge, be envious or jealous
530d4
φίλιος 友好的
[拉]amicus
[德]freundschaftlich
[英]friendly
535d5
φίλος (sup. φίλτατος) 亲爱的，令人喜

爱的

[拉] carus, amicus

[德] lieb, geliebt

[英] beloved, dear

531d12

φοβερός 可怕的，令人畏惧的

[拉] terribilis, formidolosus

[德] furchtbar, schrecklich

[英] fearful, terrible

535c7

φοβέω (φοβέομαι, φέβομαι) 担心，害怕

[拉] vereor

[德] fürchten, sich scheuen

[英] fear, be afraid of

535d4

φόβος 恐惧，害怕

[拉] timor

[德] Furcht, Angst

[英] fear, terror

535c8

φοινήεις 血红的

[拉] cruentatus

[德] blutrot

[英] blood-red, deep red

539c1

φράζω 说明，解释，揭示

[拉] expono, explano, interpretor

[德] anzeigen, erklären

[英] point out, show, explain

537a3

φροντίζω 考虑，操心，在意，放在心上

[拉] curo, cogito

[德] nachdenken, sorgen für

[英] consider, ponder

536c6

χαίρω 高兴，满意，喜欢

[拉] gaudeo, laetor, delector

[德] sich freuen

[英] rejoice, be glad

530a1, 532d4

χαλεπός (adv. χαλεπῶς) 困难的，艰难的，难对付的，痛苦的

[拉] difficilis, molestus

[德] schwer, schlimm

[英] difficult, painful, grievous

532c5

χαλκοῦς (χάλκεος) 铜的，铜制的

[拉] aeneus

[德] bronzen

[英] of copper or bronze, brazen

538c3

χαμᾶζε 到地上，在地上

[拉] humi, in terram

[德] zur Erde, zu Boden

[英] to the ground, on the ground

539c4

χάρμη 战斗的欢乐，高昂的斗志，战斗

[拉] pugna

[德] Kampfeslust, Kampf

[英] joy of battle, lust of battle, battle

539c2

χειμάζω 遭殃，遭大难

[拉] in magnis malis versor

[德] heimsuchen

[英] suffer from

540b6

χείρ 手

［拉］manus

［德］Hand

［英］hand

537b2

χείρων 更坏的，更差的

［拉］deterior

［德］schlechter

［英］worse, inferior

532a7, 532b1

χορευτής 歌舞队的舞蹈者

［拉］qui in choro est vel chorum sequitur

［德］Chortänzer

［英］choral dancer

536a5

χράω (χράομαι) 利用，使用，运用

［拉］utor

［德］benutzen, gebrauchen

［英］use, make use of

534c8

χρεία 需要，运用，使用

［拉］usus, indigentia

［德］Bedürfnis, Gebrauch, Nutzen

［英］need, use

541c2

χρῆμα 钱财，财物，必需之物

［拉］divitia, pecunia

［德］Reichtum, Geld

［英］money, treasures

534b4

χρησμῳδέω 预言

［拉］auguro

［德］weissagen, wahrsagen

［英］deliver oracles, prophesy

534b7

χρησμῳδός 唱预言诗的人，预言者

［拉］fatidicus

［德］Orakel singend, Wahrsager, Prophet

［英］chanting oracles, prophesying, prophetic

534d1

χρύσεος 黄金的，金的

［拉］aureus

［德］golden

［英］golden

530d8, 535d3, 541c1

ψυχή 灵魂，性命

［拉］anima, animus

［德］Seele

［英］soul

534a6, 535a4, 535c2, 536a2, 536b8

ὠμηστής 吃生肉的

［拉］cruda comedens

［德］rohes Fleisch fressend

［英］eating raw flesh

538d3

ὡσαύτως 同样地

［拉］similiter, eodem modo

［德］ebenso, auf dieselbe Art

［英］in like manner, just so

533e8

专名索引

神话与传说

人名

Μητρόδωρος 墨特洛多洛斯，530c9
Ὅμηρος 荷马，530b9, 530c9, 530d3, 530d7, 531a1, 531a3, 531a5, 531a7, 531b3, 531c1, 531c2, 531d1, 531d7, 531d10, 532a5, 532b3, 532c2, 532c6, 533c5, 533d2, 534c1, 536b4, 536b5, 536c1, 536c6, 536d1, 536d2, 536d6, 536d7, 536e1, 536e5, 536e6, 537a1, 537c2, 538b7, 538c4, 538c7, 538e1, 539e2, 541b5, 541e2, 541e4, 542a1, 542a2, 542a4
Πολύγνωτος 波吕格诺托斯，532e8, 533a3
Στησίμβροτος 斯忒西谟布洛托斯，530d1
Σωκράτης 苏格拉底，530a3, 530b1, 530c7, 530d6, 531b1, 531d3, 531d6, 532b8, 532d4, 533c4, 535a4, 535c4, 535d6, 536d4, 536e3, 538a5, 538d6, 538e1, 539d4, 539e6, 540a7, 541a4, 541b3, 541b4, 541c3, 542b1
Τύννιχος 提尼科斯，534d5
Φανοσθένης 法诺斯忒涅斯，541d1

地名

Ἐπίδαυρος 厄庇道洛斯，530a3
Ἔφεσος 爱菲斯，530a2, 541d6
Ἰθάκη 伊塔刻，535c2
Τροία 特洛伊，535c3

其他

Ἀθηναῖος 雅典人，541c10, 541d6
Ἄνδριος 安德洛斯人，541d1
Ἀσκληπίεια 阿斯克勒庇俄斯节，530a4
Βακχεύω 庆祝酒神节，像酒神信徒那样发狂，534a4
Βάκχη 酒神巴克斯的信徒，534a4
Ἕλληνες (Ἕλλην) 希腊人，541b2, 541b4, 541b7, 541b8, 541c2
Ἐπιδαύριος 厄庇道洛斯人，530a6
Ἐφέσιος 爱菲斯人，533c2, 541d4, 541d6
Ἡράκλειος (Ἡρακλειώτης) 赫拉克勒斯的，533d4, 535e8
Θάσιος 塔索斯人，530d1
Ἰθακήσιος 伊塔刻人，533c1
Κλαζομένιος 克拉佐门奈人，541d2
Κορυβαντιάω 举行科儒巴斯祭仪，533e8, 536c1
Κυζικηνός 库奇科斯人，541c8
Λακεδαιμόνιος 拉栖岱蒙人，541c5
Λαμψακηνός 拉谟普萨科斯人，530d1
Μαγνῆτις λίθος 磁石，533d4
Ὁμηρίδης 荷马的模仿者或崇拜者，530d7
Παναθήναια 泛雅典娜节，530b2
Σάμιος 萨摩斯人，533b1
Χαλκιδεύς 卡尔喀斯人，534d5

参考文献

（仅限于文本、翻译与评注）

1. *Platon: Platonis Philosophi Quae Extant, Graece ad Editionem Henrici Stephani Accurate Expressa, cum Marsilii Ficini Interpreatione*, 12Voll. Biponti (1781–1787).
2. F. Ast, *Platonis quae exstant opera, Graece et Laine*, 11Bände. Lipsiae (1819–1832).
3. I. Bekker, *Platonis Scripta Graece Opera*, 11Voll. Londini (1826).
4. H. Cary, G. Burges, *The Works of Plato, a new and literal version, chiefly from the text of Stallbaum*, 6 vols. London (1848–1854).
5. *Platons Lon, Griechsich und Deutsch, mit kritischen und erklärenden Anmerkungen*. Leipzig (1850).
6. F. Schleiermacher, *Platons Werke*, Ersten Theiles Zweiter Band, Dritte Auflage. Berlin (1855).
7. H. Müller, *Platons Sämmtliche Werke*, 8 Bände. Leipzig (1850–1866).
8. G. Stallbaum, *Platonis opera omnia, Recensuit, Prolegomenis et Commentariis, Vol. Ⅳ. Sect. II. Continens Menexenum, Lysidem, Hippiam Utrumque, Ionem*. Gothae (1857).
9. W. William, *Platonic Dialogues for English Readers*, 3 Vols. Cambridge (1859–1861).
10. R. B. Hirschigius, *Platonis Opera, ex recensione R. B. Hirschigii, Graece et Laine*, Volumen Primum. Parisiis, Editore Ambrosio Firmin Didot (1865).
11. C. Schmelzer, *Platos Ausgewählte Dialoge, Neunter Band, Laches, Ion*. Berlin (1884).
12. B. Jowett, *The Dialogues of Plato*, in Five Volumes, Third Edition. Oxford (1892).
13. G. Smith, *Platonis Ion et Hippias Minor*. London (1895).
14. J. Burnet, *Platonis Opera*, Tomus Ⅲ. Oxford (1903).

15. R. Kassner, *Platons Ion / Lysis / Charmides*. Jcna (1905).

16. St. G. Stock, *The Ion of Plato, with Introduction and Notes*. Oxford (1909).

17. J. M. Macgregor, *Plato: Ion, with Introduction and Notes*. Cambridge (1912).

18. G. Budé / M. Croiset, *Platon: Œuvres complètes*, Tomc 5, 1ère partie. Texte établi et traduit par Louis. Méridier. Paris (1931).

19. O. Apelt, *Platon: Sämtliche Dialoge*, 7 Bände. Leipzig (1922−1923).

20. H. N. Fowler, W. R. M. Lamb, *Plato: Statesman, Philebus, Ion*. Loeb Classical Library. Harvard University Press (1925).

21. *Platon: Sämtliche Werke*, in 3 Bänden. Verlag Lambert Schneider, Berlin (1940).

22. H. D. Rouse, *Great Dialogues of Plato*. London (1956).

23. Hamilton and Huntington Cairns, *The Collected Dialogues of Plato*. Princeton (1961).

24. H. Flashar, *Platon: Ion, Griechisch-deutsch*. Ernst Heimeran Verlag (1963).

25. R. Rufener, *Platon: Jubiläumsausgabe Sämtlicher Werke zum 2400. Geburtsage, in Achte Bänden*. Artemis Verlage Zürich und München (1974).

26. A. M. Miller, *Plato's Ion*. Bryn Mawr College (1984).

27. T. J. Saunders, *Early Socratic Dialogues*. Penguin Books (1987).

28. H. Flashar, *Platon: Ion, Griechisch / Deutsch*. Reclam, Stuttgart (1988).

29. R. E. Allen, *Plato: Ion, Hippias Minor, Laches, Protagoras*. Yale University Press (1996).

30. P. Murray, *Plato on Poetry*. Cambridge University Press (1996).

31. J. M. Cooper, *Plato Complete Works, Edited, with Introduction and Notes, by John M. Cooper*. Indianapolis / Cambridge (1997).

32. A. Rijksbaron, *Plato: Ion. Or: On the Iliad, with Introduction and Commentary*. Brill, Leiden (2007) .

33. G. Eigler, *Platon: Werke in acht Bänden, Griechisch und deutsch, Der griechische Text stammt aus der Sammlung Budé, Übersetzungen von Friedrich Schleiermacher und Hieronymus Müller*. Darmstadt: Wissenschaftliche Buchgesellschaft (7. Auflage 2016).

34. E. Heitsch, *Platon: Ion oder Über die Ilias. Übersetzung und Kommentar*. Vandenhoeck & Ruprecht, Göttingen (2017).

35.《柏拉图文艺对话集》，朱光潜译，北京：商务印书馆，2017 年。

36.《政治哲学之根：被遗忘的十篇苏格拉底对话》，托马斯・潘戈尔编，韩潮等译，北京：商务印书馆，2019 年。

图书在版编目(CIP)数据

伊翁:希汉对照/(古希腊)柏拉图著;溥林译.—北京:商务印书馆,2023
(希汉对照柏拉图全集)
ISBN 978-7-100-21184-0

Ⅰ.①伊… Ⅱ.①柏… ②溥… Ⅲ.①柏拉图(Platon前427—前347)—哲学思想—希、汉 Ⅳ.①B502.232

中国版本图书馆CIP数据核字(2022)第083883号

希汉对照
柏拉图全集
Ⅶ.3
伊 翁
溥林 译

商 务 印 书 馆 出 版
(北京王府井大街36号 邮政编码100710)
商 务 印 书 馆 发 行
北京通州皇家印刷厂印刷
ISBN 978-7-100-21184-0

2023年1月第1版 开本 710×1000 1/16
2023年1月北京第1次印刷 印张 7¼
定价:58.00元